U0067126

同性戀美學

Aesthetics of Homo Sexual

矛　鋒／著

孟　樊／策劃

出版緣起

　　社會如同個人，個人的知識涵養如何，正可以表現出他有多少的「文化水平」（大陸的用語）；同理，一個社會到底擁有多少「文化水平」，亦可以從它的組成分子的知識能力上窺知。眾所皆知，經濟蓬勃發展，物質生活改善，並不必然意味這樣的社會在「文化水平」上也跟著成比例的水漲船高，以台灣社會目前在這方面的表現上來看，就是這種說法的最佳實例，正因為如此，才令有識之士憂心。

　　這便是我們——特別是站在一個出版者的立場——所要擔憂的問題：「經濟的富裕是否也使台灣人民的知識能力隨之提昇了？」答案

恐怕是不太樂觀的。正因為如此，像《文化手邊册》這樣的叢書才值得出版，也應該受到重視。蓋一個社會的「文化水平」既然可以從其成員的知識能力（廣而言之，還包括文藝涵養）上測知，而決定社會成員的知識能力及文藝涵養兩項至為重要的因素，厥為成員亦即民眾的閱讀習慣以及出版（書報雜誌）的質與量，這兩項因素雖互為影響，但顯然後者實居主動的角色，換言之，一個社會的出版事業發達與否，以及它在出版質量上的成績如何，間接影響到它的「文化水平」的表現。

　　那麼我們要繼續追問的是：我們的出版業究竟繳出了什麼樣的成績單？以圖書出版來講，我們到底出版了那些書？這個問題的答案恐怕如前一樣也不怎麼樂觀。近年來的圖書出版業，受到市場的影響，逐利風氣甚盛，出版量雖然年年爬昇，但出版的品質卻令人操心；有鑑於此，一些出版同業為了改善出版圖書的品質，進而提昇國人的知識能力，近幾年內前後也陸陸續續推出不少性屬「硬調」的理論叢

書。

　　這些理論叢書的出現，配合國內日益改革與開放的步調，的確令人一新耳目，亦有助於讀書風氣的改善。然而，細察這些「硬調」書籍的出版與流傳，其中存在著不少問題，首先，這些書絕大多數都屬「舶來品」，不是從歐美、日本「進口」，便是自大陸飄洋過海而來，換言之，這些書多半是西書的譯著，要不然就是大陸學者的瀝血結晶。其次，這些書亦多屬「大部頭」著作，雖是經典名著，長篇累牘，則難以卒睹。由於不是國人的著作的關係，便會產生下列三種狀況：其一，譯筆式的行文，讀來頗有不暢之感，增加瞭解上的難度；其二，書中闡述的內容，來自於不同的歷史與文化背景，如果國人對西方（日本、大陸）的背景知識不夠的話，也會使閱讀的困難度增加不少；其三，書的選題不盡然切合本地讀者的需要，自然也難以引起適度的關注。至於長篇累牘的「大部頭」著作，則嚇走了不少原本有心一讀的讀者，更不適合作爲提昇國人知識能力的敲

門磚。

　　基於此故，始有《文化手邊冊》叢書出版
之議，希望藉此叢書的出版，能提昇國人的知
識能力，並改善淺薄的讀書風氣，而其初衷即
針對上述諸項缺失而發，一來這些書文字精簡
扼要，每本約在五萬字左右，不對一般讀者形
成龐大的閱讀壓力，期能以言簡意賅的寫作方
式，提綱挈領地將一門知識、一種概念或某一
現象（運動）介紹給國人，打開知識進階的大
門；二來叢書的選題乃依據國人的需要而設計
的，切合本地讀者的胃口，也兼顧到中西不同
背景的差異；三來這些書原則上均由本地學者
專家親自執筆，可避免譯筆的詰屈聱牙，文字
通曉流暢，可讀性高。更因為它以手冊型的小
開本方式推出，便於攜帶，可當案頭書讀，可
當床頭書看，亦可隨手攜帶瀏覽。從另一方面
看，《文化手邊冊》可以視為某類型的專業辭典
或百科全書式的分冊導讀。

　　我們不諱言這套集結國人心血結晶的叢書
本身所具備的使命感，企盼不管是有心還是無

心的讀者，都能來「一親她的芳澤」，進而藉此
提昇台灣社會的「文化水平」，在經濟長足發展
之餘，在生活條件改善之餘，在國民所得逐日
提高之餘，能因國人「文化水平」的提高，而
洗雪洋人對我們「富裕的貧窮」及「貪婪之島」
之譏。無論如何，《文化手邊冊》是屬於你和我
的。

孟　樊

一九九三年二月於台北

自序

　　我在少年時代讀過一本《外國文學家的故事》，裡面德國詩人席勒的一句名言曾深深地吸引了我，使我折服：「應當寫出一本讓統治者非燒毀不可的書來！」幼年的宏願，某種程度上，在我的處女著作《同性戀美學》中實現了：被中國社會和一般公衆視爲「犯罪」、「疾病」、「道德敗壞」、「怪物」、「心理不正常」的同性戀，被我賦予了崇高的美學地位———這頗有點冒天下之大不韙的味道。然而歷史事實和現代西方同性戀解放運動給予我足夠的理論勇氣，使我確信：對古今中外一切文明中普遍存在的同性戀文化的美學表現進行研究，有助於

打破傳統的文化偏見和心理禁錮，揭開久經掩蓋的文化史和美學史的「暗幕」，使人性呈顯出本真的樣貌。

　　由於一貫的思維定勢和心理定勢，許多讀者第一次接觸本書時，最感興趣的不是書的內容，而是對作者性取向的猜測：作者也是一個同性戀者嗎？對此，我的回答是：我尚沒有這種榮幸。八年前，我和一位傑出的女性訂下了百年之好，我們的婚姻生活十分幸福美滿，我們愛情的結晶──三歲的兒子，更使我們享盡天倫之樂。異性戀美學在我們的生活中獲得了完美的體現。尤其難能可貴的是，我的妻子傾其全力支持我的事業，對我從事這項「異端」研究，更是自始至終給予瞭解和幫助，表現出一個知識女性特有的領悟能力、賢妻良母型東方女性的體貼入微和溫存柔美。本書是對她的愛情和全部付出的一次小小的回報。

　　然而，剛屆而立之年的我，回顧自己的前半生，發現自己完全有可能成為一個同性戀者。天性的柔弱和缺乏攻擊性、對中學同學近

乎狂熱的迷戀、對男性美的高度敏感……如果
「天賜良緣」，我也會成長為一個同性戀者
的！由此我發現了人的「性取向」上的高度可
塑性，發現了「性」與「美」的謎底：從來就
沒有固定的性感模式和美感模式，什麼人打破
了社會橫阻在人與人之間的重重屏障，達成與
你肉體和心靈的融會溝通，你就應當去愛他，
與他一同去追求生命的完美。

　　能愛、能被愛，這就是幸福，這就是奇蹟，
這就是生活的全部目的，生命和宇宙中最大的
美。不必管這種愛是來自同性，還是異性；只
要它來自人，就能給予你溫暖，就值得讚美。
事實上，在很多情況下，作為生活方式、情感
方式和美感體驗的同性戀與異性戀，完全可以
相互補充、並行不悖。東西文明中廣泛存在的
雙性戀文化證明了這一點。

　　古希臘詩人品達羅斯曾吟誦道：「我的靈
魂啊，不要給我永生，讓我窮盡一切可能的領
域吧！」在浩瀚的時空海洋內，生命難道還不
夠短暫嗎？有什麼理由將人的生活固定在一種

模式內，尤其是當這種模式給許多人造成痛苦和不幸的時候？每個人都有享受多種多樣性生活和愛情生活的需要和權利，這是生命本能，也是天賦人權。沒有任何理由對這種需求和權利加以限制和歧視，只要對他人不構成侵犯。

　　同性戀美學揭示出同性戀生活方式的美學意義，洗刷掉蒙在這種生活方式上的歷史污垢，展現出人類探索自身、解放人性、追求完美的悠久歷史和廣闊前景，使當代同性戀文化的道德獨立、道德完整和道德尊嚴獲得美的光照。

　　謹向提供這種機會的孟樊先生和揚智出版公司表示敬意和感謝。

矛　鋒

1995年12月19日於天津

目　錄

第一章
深情之美
——中國同性戀美學

　　中國上古時代的同性戀最早可追溯到中華
文明的創始者——黃帝。清代大學者、中國古
代圖書集成《四庫全書》的總編修紀曉嵐引古
籍《雜說》謂「孌童始於黃帝」（《閱微草堂筆
記》卷十二）。同性戀美學一開始即將人的性能
力與人的創造力、生命活力聯繫在一起，傳說
中「一夜御女七千而昇天」的黃帝成為中國歷
史上有史料記載的、最早最著名的同性戀者（雙
性戀者）。黃帝作為同性戀的始祖，顯示了同性
戀文化的創始性、普泛性、神聖性和源初性。

　　同性戀文化在中國古代第一個有確切史料
記載的商朝就已十分繁盛。《商書·伊訓》有

「三風十衍」之說，謂「卿士有一於身，家必喪；邦君有一於身，國必亡；臣下不匡，其刑墨」，三風之一乃「亂風」，亂風有「四衍」，其一就是「比頑童」，即指因同性戀而置家國於不顧，頑童即變童。《戰國策‧秦策》載，晉獻公「欲伐虞，而憚宮之奇存。荀息曰，《周書》有言，美男破老。乃遺之美男，教之惡宮之奇，宮之奇以諫而不聽，遂亡；因而伐虞，遂取之。」用美男作誘餌，使「美人計」，叫好男色的君王疏遠大臣，便輕而易舉地攻下了虞國，可見同性戀之風在中國最早的古代社會──商周時代已十分盛行。後來宋代所輯《太平御覽》引《逸周書》將同性戀與異性戀相提並論，稱為「美男破產，美女破居」，可見此風之繁盛和由於失致帶來的道德問題已引起道德家和史家的高度注意。

一、同性戀：自然之道、人欲之常、情性之真

　　中國同性戀最早的美學紀錄保存在歷史上的第一部詩歌總集《詩經》中。〈鄭風〉中有數首歌咏同性戀情的詩篇：

> 山有扶蘇，隰有荷華。
> 不見子都，乃見狂且。
> 山有喬松，隰有游龍。
> 不見子充，乃見狡童。
>
> 〈山有扶蘇〉

　　古代民歌以直抒胸臆爲特色。這首詩表現了初民的性崇拜和對同性情人的美貌恣意放縱的熱戀、乃至情人性器官之壯偉的粗獷直露的讚美：詩以山間動植物「起興」，暗示情人的性器和性行爲；「且」是陰莖的象徵，「狂且」則指代同性情人或同性間的狂熱追求；「都」、「充」、「狡」均是對「童」（孌童）體貌之美的

形容；高山、濕地，「不見」、「乃見」的對比和反覆歌咏既暗示著同性情人間相互的愛撫和快感的交流，亦可解爲抒情主人公沒有見到心上人反而被其他少年糾纏的困窘心情。

> 彼狡童兮，不與我言兮；
> 維子之故，使我不能餐兮！
> 彼狡童兮，不與我食兮；
> 維子之故，使我不能息兮！
>
> 　　　　　　　　〈狡童〉

這首詩用「賦」的方式反覆咏嘆同性情人（狡童）「不與言」、「不同食」使主人公寢食不安的心情。

> 子惠思我，褰裳涉溱；
> 子不我思，豈無他人？
> 狂童之狂也且！
> 子惠思我，褰裳涉洧；
> 子不我思，豈無他士？
> 狂童之狂也且！

〈褰裳〉

同性情人間的猜疑、嫉妒與異性戀毫無二致。後人據此將放蕩惑人的同性戀者稱為「狂且」，濃厚的生殖器崇拜色彩與又慕又懼的士大夫心態在這一稱呼中暴露無遺。

> 青青子衿，悠悠我心。
> 縱我不往，子寧不嗣音？
> 青青子佩，悠悠我思。
> 縱我不往，子寧不來？
> 挑兮達兮，在城闕兮。
> 一日不見，如三月兮！

〈子衿〉

這首深情的詩將一個素衣少年的風致之美在抒情主人公的迷惘視線內悠悠展開，其愛慕的深切、思戀的痛楚、淡淡的哀愁與熱烈的企盼，在徐徐推進的節奏和有餘不盡的韻律中引起幽幽的迴響，搖曳著一種縹緲絕塵的美。

> 揚之水，不流束楚。

終鮮兄弟，唯予與汝！

無信人之言，人實誑汝！

揚之水，不流束薪。

終鮮兄弟，唯予二人！

無信人之言，人實不信！

〈揚之水〉

他人的讒言、社會的禁忌開始滲入同性戀
人純屬私人感情的聖地。主人公向動搖中的情
人發出棄絕他人專制的呼喊：「終鮮兄弟，唯
予與汝！」其強烈的同性欲求、生死相守、同
仇敵愾的氣勢，是中國古代同性戀美學發出的
最強音。

中國第一個偉大的詩人屈原（約公元前339
～前278年）在他的著名長詩〈離騷〉及〈抽思〉、
〈思美人〉、〈惜往日〉、〈悲回風〉中表現出同
性戀美學沉潛深隱的隱喻特點，由此產生了楚
辭批評史上著名的「屈原乃楚懷王的文學弄臣」
說，著名詩人、學者聞一多教授以及楚辭專家
孫次舟等即執此說。

泊余若將弗及兮，

恐年歲之不我與。

朝搴阰之木蘭兮，

夕攬洲之宿莽。

日月忽其不淹兮。

春與秋其代序。

惟草木之零落兮，

恐美人之遲暮。

……

余固知謇謇之爲患兮，

忍而不能捨也！

指九天以爲正兮，

夫惟靈修之故也。

初既與余成言兮，

後悔遁而有他。

余既不難夫離別兮，

傷靈修之數化。

靈修是古時女子對戀人的專稱，屈原以此
稱呼楚王，足見兩人在君臣關係之外，別有一

層同性戀的關係。屈原對楚王悔棄誓言、移情
別戀痛不欲生。

> 怨靈修之浩蕩兮，
> 終不察夫民心。
> 衆女嫉余之蛾眉兮，
> 謠諑謂余以善淫。

　　他人與屈原爭寵，靈修又「浩蕩」其愛，
屈原深感痛苦。他也想另尋愛情，以刺激楚王，
無奈「上下求索」均不可心（這也曲折反映出
屈原對異性的冷淡）：

> 朝吾將濟於白水兮，
> 登閬風而緤馬。
> 忽反顧以流涕兮，
> 哀高丘之無女。
> ⋯⋯
> 閨中既以邃遠兮，
> 哲王又不寤。
> 懷朕情而不發兮，

　　余焉能忍與此終古！

　　個人命運和個人感情的巨大挫折使屈原憤而投江，成爲第一個殉情而死的偉大詩人。同性戀美學從屈原這裡獲得了深情剛烈的特質，有別於一般同性情欲操縱下的同性性玩弄。

　　歷代史家對屈原見棄於楚王卻不依時尚改適他國感到大惑不解，因爲戰國時代人對「國家」的觀念十分淡薄，自稱「朝聞道，夕死可矣」、一生執著於自己理想的孔子，周遊列國，隨時準備改適，並不以見棄於魯國爲懷。

　　屈原的自殺肯定有個人感情上排遣不開的原因。在〈抽思〉中，屈原與楚王竟像情人般地「以身相託」：

　　　　結微情以陳詞兮，矯以遺夫美人。
　　　　昔君與我誠言兮，曰黃昏以爲期。

　　楚王則以自身的美色誇傲於恩寵廢弛的詩人：

　　　　驕吾以其美好兮，覽余以其修姱。

　　　與余言而不信兮，蓋爲余而造怒。

　　屈原身爲「文學弄臣」，突破了與君王的一
般肉體關係，而是將這種同性關係上昇爲對完
美的愛情和生命境界的熱烈的、義無反顧的追
求；這種追求使他無法忍受楚王的薄情，更無
法忍受周圍環境的惡濁。他對美好事物近乎戀
物癖般的強烈依戀，既代表了一般同性戀者，
尤其是同性戀藝術家那種對美好事物高度敏
感、一見傾心、捨命以求的特點，也使他與周
圍現實發生不可調和的悲劇性衝突。他的自殺
爲中國同性戀美學史增添了極淒美、極悲壯的
一頁（考證見孫次舟《離騷考證》一書及《中
央日報・中央副刊》1944年9月6、7、8日和同
年11月15、16、17日；聞一多〈屈原問題〉，《中
原》雜誌，2卷2期，1945年，重慶）。

　　同性戀又稱「南風」，在古代南方楚、越之
地，同性戀美學十分繁盛。它形諸歌咏，成爲
古代同性戀民歌。最具代表性的是〈越人歌〉。
公元前528年，楚國令尹鄂君子皙舉行舟遊盛

會，越人歌手對鄂君擁楫而歌，表達對子皙的
愛慕之情。歌曰：

> 今夕何夕兮，搴舟中流？
> 今日何日兮，得與王子同舟！
> 蒙羞被好兮，不訾詬恥。
> 心幾頑而不絕兮，得知王子。
> 山有木兮木有枝，
> 心悅君兮君不知！

　　子皙被越人的深情所打動，上前抱住泛舟
的歌手，並且「舉繡被而覆之……（遂）交歡
盡意焉。……」（《說苑·善說》）。

　　後來，楚大夫莊辛愛上了襄城君，便援引
這段佳話向一見鍾情的襄城君示愛：

> 　　「襄成君始封之日，衣翠衣，帶玉劍，
> 履縞舃，立於流水之上。大夫擁鐘錘，縣
> 令執桴號令，呼誰能渡王者。於是也，楚
> 大夫莊辛過而悅之，遂造托而拜謁起立
> 曰：「臣願把君之手，其可乎？」襄成君

忿然作色而不言。莊辛遷延沓手而稱曰：
「君獨不聞鄂君子晳之泛舟於新波之中
也？……鄂君子晳親楚王母弟也，官為令
尹，爵為執圭，一榜舟越人猶得交歡盡意
焉。今君何以逾於鄂君子晳？臣獨何以不
若榜舟之人？願把君之手，其不可何也？」
襄成君乃奉手而進之曰：「吾少之時，亦
嘗以色稱於長者矣，未嘗遇繆如此之卒
也。自今以後，願以壯少之禮謹受命。」

　　　　　　　　　　　　　　《説苑・善説》

　　越人歌以民歌特有的質樸和深情完美地表
達了初民的同性愛情愫。與之相關的這個同性
示愛的故事則表達了這樣的美學旨趣：在同性
的性交往中，應彬彬有禮，不能強加於人，「唐
突」其事也是不美的。故事中早有同性性史的
美男子襄成君，在楚大夫莊辛的委婉其詞、善
為其說的情況下，才轉怒為喜，一綻歡顏，表
明了同性戀交往中對禮儀美和言辭美的重視。
　　春秋戰國時代是同性戀交往十分活躍的時

代，並且見諸史籍。協調這種交往的倫理道德
原則成爲當時同性戀美學的重要內容。春秋時
代第一段有關同性戀的散文，也是史載上所見
到的第一個同性戀實例即與此有關。《晏子春
秋・卷八》載：

> 景公蓋姣。有羽人視景公僭者。公謂
> 左右曰，問之，何視寡人之僭也？羽人對
> 曰，言亦死，而不言亦死，竊姣公也。公
> 曰，合色寡人也，殺之。晏子不時而入見
> 曰，蓋聞君有所怒羽人。公曰，然，色寡
> 人，故將殺之。晏子對曰，嬰聞拒欲不道，
> 惡愛不祥，雖使色君，於法不宜殺也。公
> 曰，惡，然乎！若使沐浴，寡人將使抱背。
>
> 《晏子春秋・卷八》

　　在歷史上這段最早的同性戀散文中，作者
態度之開放令人吃驚：景公在接受晏嬰的勸說
後，竟說出了極大膽坦率的同性性行爲的暗
示：「若使沐浴，寡人將使抱背！」
　　晏嬰（？～公元前500年）是春秋戰國時代

著名的開明政治家。他的政治主張愛護人民、反對暴政、禮敬賢士、堅持正義，並且談辯鋒利、充滿智慧，在歷史上留下了極好的名聲。

　　晏嬰這段話，在中國同性戀美學史上，第一次標舉出一個十分重要的倫理道德原則：「拒欲不道，惡愛不祥」！同性戀的合法性源出於人的自然欲望和這種欲望在人類生活與文明中的必要地位，晏子以開明的態度爲其進行辯護，其影響甚爲深遠。順乎自然從來是中國人哲學的核心，同性戀的自然屬性的發現是中國古代同性戀美學的哲學基礎，也是貫穿這一美學的重要原則：同性戀的發生，本乎人的自然天性和情欲本能，後天的扼制與排拒、懲罰與壓抑，都是「不道」、「不祥」的，只能適得其反。

　　衛靈公與彌子瑕的同性愛故事在中國同性戀美學史上具有很大的教育意義和醒世作用。故事在韓非子的〈說難篇〉裡和劉向的《說苑》裡均有記載。〈說難篇〉裡說：

　　昔者彌子瑕有寵於衛君。衛國之法，
竊駕君車者罪刖。彌子瑕母病，人聞有夜
告彌子；彌子矯君車以出。君聞而賢之
曰，孝哉，爲母之故，忘其犯刖罪。異日，
與君遊於果園，食桃而甘，不盡，以其半
啖君。君曰，愛我哉！忘其口味，以啖寡
人。及彌子色衰愛馳，得罪於君，君曰，
是固嘗矯駕吾車，又嘗啖我以余桃。故彌
子之行，未變于初也，而以前之所以見賢，
而後獲罪者，愛憎之變也。

　　　　　　　　　　　　　〈説難篇〉

　　世稱同性戀爲「余桃」之好，即典出於此。
甘桃貽友，足見恩愛之重；色衰愛馳，尤顯人
性之薄。後世君子，追慕少年，敢不以此爲鑒！
在同性戀關係中，正如同異性戀關係一樣，朝
秦暮楚、以色取人的原則揭示了人性深處的原
欲層次，遂使生死相與、相濡以沫的眞正愛情
更顯寶貴。

　　先秦同性戀美學肯定了同性愛之合乎自

然、順乎人欲的生理心理基礎和倫理道德基礎；在對男性色相之美的詩意把握的同時，突出了東方文化重溫情的一面，使中國古代同性戀美學呈現出「深情之美」的特色。同性戀，作爲自然之道之一部分、人欲之常的一個側面，獲得了先秦思想家的肯定；作爲人的天然愛慕之心、生死依戀的深切愛情，作爲惡濁現實的精神寄託和審美超越，在詩經、楚辭、吳越民歌等先秦藝術形式中獲得了詩意表現。

二、同性戀：作為一種審美趣味

　　漢朝是奠定中國封建社會基礎的強盛王朝，史稱「大漢雄風」。而雄才大略的歷代漢朝皇帝都是同性戀或雙性戀者。因此漢朝的同性戀美學紀錄集中在史傳中對歷代帝王的同性戀故事的記載。這一時期由於「罷黜百家，獨尊儒術」的封建道統牢固樹立起來，被皇帝寵幸的同性戀者往往被歸入「佞幸」類，遭受封建

禮敎的束縛和扼殺。

　　據《史記》、《漢書》的記述，前漢一代幾乎每一個皇帝都有同性戀的對象：高帝的籍孺、惠帝的弘孺、文帝的鄧通、武帝的韓嫣、成帝的張放，和哀帝的董賢⋯⋯，雄才大略的漢武帝、開創了歷史上久負盛名的「文景之治」的政治家文帝、大將軍衞靑、霍去病等都是同性戀者，可見人性之難以禁制。

　　漢代同性戀文學塑造了許多古代同性戀者的悲劇形象。尤其是封建帝王的同性戀對象，往往在帝王生前受盡寵愛，帝王死後立即遭到迫害，甚至殺戮。有的在帝王在位時竟也不能伸張其愛情：張放被數度遠遷，「上雖愛放，然上迫太后，下用大臣，故常涕泣而遣之。⋯⋯數月，成帝崩，放思慕，哭泣而死。」這是同性戀歷史上又一個殉情而死的淒美活劇。

　　董賢在古代同性戀者文學形象中的地位最高，後人稱「董聖卿」。年二十二，即爲三公，哀帝興會所至，甚至於要把漢家天下禪讓給他。《漢書》說他「爲人美麗自喜，哀帝望見，

悅其儀貌」，不久便出則參乘，入同臥起。「嘗
晝寢，偏籍上袖，上欲起，賢未覺，不欲動賢，
乃斷袖而起」，恩愛之情無以復加，「斷袖」的
典故從此成為千古美談。

　　漢代史傳散文中的同性戀記載以皇帝、武
臣、王公、貴冑為主角，刻劃出宮廷生活和貴
族生活內部相互爭寵、相互傾軋的內幕，在這
一場場權力和色欲的角逐中，娟弱年少的同性
戀者往往成為可悲的犧牲品，這使得漢代的同
性戀美學被塗上了一層悲劇色彩。

　　魏晉南北朝時期是中國古代美學的繁榮
期，同性戀美學也初步形成了自己的美學原則
和美學理想。魏晉時代是衝破漢代儒教傳統束
縛，復興老莊哲學之自由精神的時代。老莊貴
心賤身，主張忘我忘情；魏晉哲學則身心並
重，主張任性任情。《晉書・王衍傳》載王衍的
名言成為這個時代的座右銘：「聖人忘情，最
下不及情。然則情之獨鍾，正在我輩！」因此，
同性戀作為人的「性情中事」，便重新獲得了合
理合法的道德倫理基礎和社會文化基礎。

　　魏晉時代是唯美主義的時代，人們衝破統
治集團虛僞的道德說教和禮教束縛，熱烈地追
求使一己生命放出光輝的美。這其中便有對同
性身心之美的愛慕追求。這一時期「人物品藻」
之風大盛。萬物品性之美啓發了人生命中的詩
意感覺，使庸俗的功名利祿追求「寡乎其味」，
山水、田園、人物的風雅之美取代了漢初的粗
獷豪奢、富麗堂皇之美，而男性美由於較少俗
累，便成爲「風雅」的標誌。世人莫不趨之若
鶩。

　　名詩人阮籍透過對歷史上的同性戀情的深
切思慕和熱烈讚美，曲折地表達了對當時統治
集團尤其是司馬氏昏暗統治的不滿與絕望，對
僞善的封建專制道德的蔑視和反叛。他的《咏
懷詩》第十七首，專咏安陵君與龍陽君這兩個
歷史上最著名的同性戀者，語氣質樸、感情深
摯：

　　　　昔日繁華子，安陵與龍陽；
　　　　夭夭桃李花，灼灼有輝光，

悅懌若九春，磬折似秋霜，

流盼發姿媚，言笑吐芬芳；

攜手等歡愛，宿昔同衣裳，

願爲雙飛鳥，比翼共翱翔；

丹青著明誓，永世不相忘！

《南史卷五十一長沙王・王韶傳》中的一段散文將名詩人庾信對同性情人耿耿不忘的神態盡皆寫出，令人感慨：

韶昔爲幼童，庾信愛之，有斷袖之歡，衣食所資，皆信所給；遇客，韶亦爲信傳酒。後爲郢州，信西上江陵，途經江夏，韶接信甚薄，坐青油幕下，引信入宴，坐信別榻，有自矜色。信稍不堪，因酒酣，乃徑上韶床，踐踏肴饌，直視韶面，謂曰：官今日形容，大異疇昔。時賓客滿座，韶甚慚恥。

《晉書・載記》第十四記載了北朝統治者、雄雄武夫苻堅的同性戀「事蹟」和當時市井民

謠對此的歌咏：

> 初，堅之滅燕，〔慕容〕沖姊爲清河公
> 主，年十四，有殊色，堅納之，寵冠後庭；
> 沖年十二，亦有龍陽之姿，堅又幸之；姊
> 弟專寵，宮人莫進。長安歌之曰：一雌復
> 一雄，雙飛入紫宮。……

這一時期代表性的同性戀美學成就是變童
詩。上至皇帝、貴卿、大臣、名士，下至平民
百姓，都以追求變童爲樂，吟咏愛寵爲美。

梁簡文帝集中有一首專咏變童的詩：

> 變童嬌麗質，踐董復超瑕。
> 羽帳晨香滿，珠簾夕漏賒；
> 翠被含鴛色，雕床鏤象牙。
> 妙年同小史，姝貌比朝霞。
> 袖裁連璧錦，床織細種花；
> 攬褲輕紅出，回頭雙鬢斜；
> 懶眼時含笑，玉手乍攀花。
> 懷情非後釣，密愛似前車；

可憐周小童，微笑摘蘭叢。

張翰〈周小史詩〉則云：

　　翩翩周生，婉孌幼童。
　　年十有五，如日在東。
　　香膚柔澤，素質參紅。
　　團輔圓頤，菡茜芙蓉。

　　劉遵的〈繁華詩〉亦屬當時典型的「宮體」，其描寫之細膩傳神，用語之典雅微妙，在當時亦屬上乘之作：

　　可憐周小童，微笑摘蘭叢。
　　鮮膚勝粉紅，慢臉若桃紅。
　　挾彈雕陵下，垂釣戀葉東。
　　腕動飄香麝，衣輕任好風。
　　幸承拂枕選，得奉畫堂中。
　　本知傷輕薄，含辭羞自通。
　　剪袖恩雖重，殘桃愛不終。
　　娥眉巨誰嫉，新姬近入宮。

　　魏晉六朝時期是中國古代社會對男性美和同性戀直言不諱地加以讚美、放縱無忌加以追求的時期。同性戀文化的繁盛程度堪與古代希臘相媲美，對後世同性戀文化的發展產生了極其深遠的影響。同性戀，作為對同性色相之美和品性之妙的詩意把握方式，成為當時社會一種精緻優雅的審美趣味。

　　唐代最著名的性學文獻、大詩人白居易的胞弟、傳奇小說《李娃傳》的作者白行簡所著之《天地陰陽交歡大樂賦》，以瑰麗的筆墨讚美了同性戀的感情和行為。而在晚唐起步、大盛於宋代的詞，則以纖儂的筆調描寫男女戀情，許多詞人化身女性，表達對青年男子的怨慕之心，其心態之複雜微妙、用語之柔媚婉曲，表明寫作時刻詞人的性身分和性取向已發生隱祕的變化，很多情況下你已很難分辨這是異性戀還是同性戀了。

　　元朝人林坤（載卿）在《誠齋雜記》中記載了一個帶神話色彩的民間故事說：「吳潘章少有美容儀，時人競慕之，定國王仲先聞其美

名，……因願同學，一見相愛，情若夫婦，便同衾共枕，交遊無已；後同死，……葬於羅浮山，冢上忽生一樹，柯條枝葉，無不相遭；時人異之，號爲共枕樹。」將同性戀故事神話化，寄託了當時社會的憐惜嚮往之情和同性戀美學尋求超驗解釋的趨勢。

三、同性戀：作為一種生活方式

　　至明淸兩代，同性戀文化蔚爲風氣，高度繁盛，中國古代同性戀美學遂進入高潮期。宋儒「滅人欲，存天理」和「以理殺人」的道德僞善主義被衝破，人的自然情欲獲得了前所未有的伸張，同性戀成爲當時社會上至帝王將相、下至平民布衣的愛情生活的一部分，尤其成爲士大夫階層生活方式之一種，甚至成爲當時婚姻家庭制度的補充形式。

　　明代小說集《歡喜冤家》（一名《貪歡報》、《歡喜奇觀》、《艷境》）第二十三回〈夢花生媚

引鳳鸞交〉中，曾描述俊美少年夢花生勾引進
京趕考途中的青年秀才王國卿：

　　……花生只做睡的，國卿渴鳳鰥魚，
幸逢得意，恰如渴龍遇水，便輕輕湊著，
潤些津唾，一步步直入佳境，不住地動將
起來。花生假意驚醒，待回身，已被國卿
摟緊，只得任他快意。有一只曲子名《江
兒水》，單指後庭情趣：

　　玉貌雪爲膚，且休誇馮子都。前開後
聳強如婦。情投意孚。交神體酥，六龍飛
彎何原爾，耳邊呼：這般滋味，勝卻似醍
醐！

　　須臾事畢。各自拭淨，摟抱而睡。直
至五鼓重到陽台，兩意相投。……自此，
二人行則並坐，坐則交膝，勝似夫婦一般。

　　後來王國卿爲勾引夢花生的姐姐巫娘，夜
間與花生「幹風流事兒」時故意弄出許多響動，
以挑逗孀居的巫娘。巫娘遂也加入到兩少年的
性遊戲中。不料花生姐弟專爲騙人錢財，將國

卿一箱銀子竟偷換成鵝卵石。後來國卿金榜題
名，上京春試，其父曰：「我兒，這次船中再
不可搭人了。」父子大笑。這篇小說旨在說明
好色破財，但描寫之間卻頗多讚美艷羨之詞，
表明當時社會對同性戀極寬容的態度。

　　明代著名作家馮夢龍在《情史‧情外類》
篇末，以批語的方式對同性戀進行了初步的理
論總結：

　　　　情史氏曰：飲食男女，人之大欲。破
　　舌破老，戒於二美。內寵外寵，辛伯諗之。
　　男女並稱，所由來矣。其偏嗜者，亦交譏
　　而未見勝也。聞之俞大夫云：「女以生子，
　　男以取樂。天下之色，皆男勝女。羽族自
　　鳳凰、孔雀，以及雞雉之屬，文彩並屬於
　　雄。犬馬之毛澤亦然。男若生育，女自可
　　廢。」嗚呼！世固有癖好若此者，情豈獨
　　在內哉？

　　曠古絕今的偉大作品《紅樓夢》中的同性
戀情節是中國古代同性戀美學的經典集成。主

人公賈寶玉的同性戀情與他的異性戀一樣，具
有反抗封建禮敎束縛的叛逆色彩。

　　小說中寶玉第一個鍾情的對象是秦可卿之
弟秦鐘。小說第七回〈送宮花賈璉戲熙鳳，宴
寧府寶玉會秦鐘〉寫道：

　　　　寶玉自見了秦鐘的人品出衆，心中似
　　有所失，痴了半日，自己心中又起了呆意，
　　乃自思道：「天下竟有這等人物！如今看
　　來，我竟成了泥豬癩狗了。可恨我爲什麼
　　生在這侯門公府之家，若也生在寒門薄宦
　　之家，早得與他交結，也不枉生了一世。
　　我雖如此比他尊貴，可知錦繡紗羅，也不
　　過裹了我這根死木頭；美酒羊羔，也不過
　　塡了我糞窟泥溝。『富貴』二字，不料遭我
　　茶毒了！」秦鐘自見了寶玉形容出衆，舉
　　止不凡，更兼金冠繡服，驕婢侈童，秦鐘
　　心中亦自思道：「果然這寶玉怨不得人溺
　　愛他。可恨我偏生於清寒之家，不能與他
　　耳鬢交接，可知『貧窶』二字限人，亦世

間之大不快事。」二人一樣的胡思亂想。
忽然寶玉問他讀什麼書。秦鐘見問，因而
答以實話。二人你言我語，十來句後，越
覺親密起來。……

　　正是：不因俊俏難爲友，正爲風流始
讀書。

才色雙絕的秦氏姐弟在小說開頭部分的出
現是賈府頹敗的先兆，更是雪芹揭示《紅樓》
玄旨的機關所在：正是秦可卿對寶玉的「性啓
蒙」，使寶玉入大千色界之前先遊歷「警幻仙
境」，對色幻色空之理先有個心理準備。然而只
知女色是空，尚非全悟；還需體驗一番男色無
常，才算大徹大悟。於是雪芹安排秦鐘登場，
讓鯨卿與寶玉「繾綣」一陣便匆匆告退，而致
秦鐘死命的仍是貪色好淫之心。小說第十五回
〈王鳳姐弄權鐵檻寺，秦鯨卿得趣饅頭庵〉中，
寶玉抓住秦鐘與智能兒偷情：

　　秦鐘笑道：「好人，你只別嚷得衆人
知道，你要怎樣我都依你。」寶玉笑道：

「這會子也不用說，等一會睡下，再細細
的算賬。」一時寬衣安歇的時節，鳳姐在
裡間，秦鐘寶玉在外間……寶玉不知與秦
鐘算何賬目，未見眞切，未曾記得，此係
疑案，不敢纂創。

雪芹在此故意半吞半吐、欲說還休，頗有
「此地無銀三百兩，隔壁阿二不曾偷」的味道。
此處「曲筆」與《紅樓》中四處埋伏的「機關」
一樣，讓你在費心研讀、細細品味之餘，讚嘆
作者用心之良苦、手法之高妙。寶玉秦鐘的同
性戀關係恰與可卿、賈珍的翁媳姦情一樣，最
終宣示了「色即幻、幻即空」的玄理：貪財好
色人間世，大徹大悟竟何人？（參見：何炳棣
〈從愛的起源和性質初測《紅樓夢》在世界文
學史上應有的地位〉，《中國文化》1994年10期）

「寶玉挨打」是賈寶玉和封建秩序正面衝
突最激烈的一次，而引起的直接原因也與同性
戀有關：寶玉在外私交優伶琪官（蔣玉菡），而
琪官又是忠順親王的愛寵，琪官外逃，連累寶

玉，遂使寶玉險些被打死。曹雪芹以對比的方式暴露了封建秩序的全部不合理、不人道、不公正：親王霸佔優童名正言順，寶、琪兩情相悅卻家法不容！《紅樓夢》的社會批判力量在此顯露無遺。歷盡色空色幻、厭色厭淫、最終遁入空門，正是《紅樓夢》「虛無美學」之佛理所在。此外，茗烟大鬧學堂、薛蟠調戲柳湘蓮、賈璉狎用外寵等也刻劃出當時貴族、平民生活中同性戀風氣的盛行。

　　袁枚是清代乾隆、嘉慶時期的代表性詩人，與趙翼、蔣士銓並稱乾隆三大家。他活躍詩壇五十餘年，存詩四千餘首，是「性靈」詩派的集大成者，作為清代著名文藝理論家，他認為：「詩者，由情生者也。有必不可解之情，而後有必不可朽之詩」（〈答園論詩書〉），並且主張艷詩亦可作，「情所最先，莫如男女」（同上），「陰陽夫婦，艷詩之祖也」（〈再與沈大宗伯書〉）。正是這種開放的文學觀念，促使他向孔子「不語怪力亂神」的封建文統挑戰，寫出了其「怪」感人、其「力」動人、其「亂」警

人、其「神」悅人的著名筆記小說《子不語》三十四卷，其中大量載有同性戀故事，同性戀作爲「必不可解（脫）之情」的一部分，在小說中獲得了多側面的藝術表現。〈兔兒神〉、〈蔡京後身〉、〈雙花廟〉、〈多官〉諸篇，將同性戀者一往情深、橫遭不幸、轉求神驗的曲折經歷，寫得感人至深，活畫出同性戀者所處的險惡的生存環境和同性戀者對愛情的執著追求、忠貞不渝、以死相拚、以死相酬的丈夫氣概和情人本色，筆力傳神，情透紙背。作者將巡按之濫殺無辜、狄偉人之寬弘大度置於一則故事中，兩相比照，愛憎分明。而自稱「蔡京後身」的某相公之濫淫無度、無賴王禿兒之惡虐逼淫、公子陳仲韶之痴情眷眷、多官之深情剛烈、京兒之善解人意，作者都個性鮮明地寫出，逼眞地凸顯了同性戀人群中的各色人等，活靈活現、呼之欲出，不愧爲全面反映中國古代同性戀美學價值觀念的翹楚之作。

四、同性戀：古典美的一極

　　清代是標舉「性靈」、「神韻」的時代，中國古典美學在此集大成。男性美作為與女性美並立的一極，由於當時社會婦女地位的低下，益形突出。南方越劇和北方京劇的興盛，女扮男角和男扮女角的欣賞趣味的普泛化，使同性戀美學成為當時社會極普遍的文化心態和審美追求。當代學者朱大可在論文〈戲曲的話語誤讀及其矯正〉中將中國戲曲在當代的衰微歸因於同性戀美學的衰落：

　　　　我要表達的是，由於同性戀話語是近代戲曲的靈魂，那麼，在這一靈魂熄滅之後，戲曲是無法因任何「改革」而獲得新生的。

《今日先鋒》

(3期，134頁，1995年，北京)

當時北京狎優之風極盛，史稱「私寓」或「象姑業」，許多著名的京劇演員被達官貴人私養或嫖宿，男性美由色相之美向色藝雙絕、才華之美躍遷。帶有旅遊指南性質的《朝市叢載》竟將「象姑業」（男伶兼任男妓）作為京都一種特殊的人文景觀加以吟咏，以廣招徠：

　　　　斜街曲巷趁香車，隱約雛伶貌似花。
　　　　應怕路人爭看殺，垂簾一幅子兒紗。

名詩人錢謙益、王漁洋、吳偉業、龔鼎孳、陳其年等爭寵由蘇州進京賣藝的美貌優伶王紫稼，王「妖艷絕世，舉國趨之若狂……」，錢、吳等爭相歌咏之，其中尤以吳偉業的《梅村集》中之〈王郎曲〉最為後世稱艷：

　　　　王郎三十長安城，老大傷心故園曲。
　　　　誰知顏色更美好，瞳神翦水清如玉。
　　　　五陵俠少豪華子，甘心欲為王郎死。
　　　　寧失尚書期，恐見王郎遲；
　　　　寧犯金吾夜，難得王郎暇。

> 坐中莫禁狂呼客，王郎一聲聲頓息
>
> ……

　　後來王紫稼與陳其年結成終身伴侶，追隨陳其年各處赴職，三十幾歲時死在陳其年的懷抱之中，成為清代同性戀愛的一段感人佳話。

　　另一名詩人倪余疆則有詩感嘆名伶方俊官的晚年蕭條，頗含神韻：

> 落拓江湖鬢有絲，紅牙按曲記當時。
> 莊生蝴蝶歸何處，惆悵殘花剩一枝。
>
> ……

　　清代著名詞人宋琬有〈西江月〉一首咏某位「林大人」之孌童絮鐵：

> 閱盡古今俠女，肝腸誰得如他，兒家郎罷太心多，金屋何須重鎖？羞說余桃往事，憐卿勇過龐娥，千呼萬喚出來麼？君曰期期不可。

　　清朝狀元畢秋帆鍾愛優童李郎，他窮愁潦

倒之時，李郎傾金助他讀書，使其考取狀元，
名滿天下。袁枚有詩〈李郎曲〉最爲膾炙人口：

> 果然臚唱半天中，人在金鰲第一峰。
> 賀客盡攜郎手揖，泥箋翻向李家紅。
> 若從內助論勛伐，合使夫人讓誥封。
> ……

　　詩中稱讚李郎是畢秋帆考取狀元的「賢內
助」，某相國直呼李郎爲「狀元夫人」，可謂古
代同性戀最冠冕的佳話了。畢秋帆將李郎接入
內宅，獲得原配夫人認可，隨侍身邊，終其天
年，婚外同性戀情獲得了家族承認，成爲合法
婚姻制度的補充形式。
　　著名詩人、書畫家鄭板橋的同性戀詩文代
表了中國同性戀美學對古典美的建構之功。
　　鄭燮（1639～1765），字克柔，號板橋，江
蘇興化人。出身貧苦，父母早亡，一生坎坷。
四十三歲進士，知山東範、濰二縣，居官十八
年後，因擅自開倉賑濟饑民而去官。臨行之日，
百姓遮道挽留，並立生祠。後終老揚州。

　　鄭燮工詩、書、畫，時人譽為「三絕」。一生狂放不羈，被稱為「揚州八怪」之一。他在〈板橋自敍〉中公開宣稱自己是同性戀者：「余好色，尤喜余桃口齒、椒風弄兒之戲。⋯⋯」他的書房公開懸掛自書的條幅，述平生所戀：「詩歌圖書畫，銀錢屁股×」，其大膽坦率，一至於此。

> 佩環搖動湘裙冷，俏風偷入羅衫領；
> 美人相倚借餘溫，細雨無聲親素頸。
> 玉指尖纖指何許，似笑嫦娥無伴侶；
> 又似天邊笑薄雲，夜寒不得成濃雨。
>
> 　　　　　　　　　　　〈題雙美人圖〉

　　這首詩將一對妙齡女郎相伴相偎、互逗春心的神態優美含蓄的表現出來，詩中句句寫性，卻無一字著「性事」，充分代表和展現了中國古代詩歌藝術的高超之處和中國古典美的神韻。

> 鄭生三十無一營，學書學劍皆不成。

市樓飲酒拉年少，終日擊鼓吹竽笙。

……

〈七歌〉

封建社會的士子之交極易發展為深埋於兩個學子心中的愛戀之情：

斗帳寒生夾被輕，疏星歷歷隔窗明。

滿階蕉葉兼梧葉，一夜風聲似雨聲。

塞北天高鴻雁遠，淮南木落楚江清。

客中又念天涯客，直是相思過一生。

〈秋夜懷友〉

秦官乃漢代大將軍梁冀的男寵，李長吉曾做詩專咏此段同性戀愛，鄭燮則步其後韻，嘆古以抒懷：

南堂夫人賜金兒，北堂相公同繡被。

內寵外寵重復重，晝有微眠夜無寐。

自古淫花蕩雨風，海棠不得辭憔悴。

……

〈秦官詩後長吉作〉

　　王鳳原是鄭燮的貼身小廝，貌美性敏，能
誦詩，深爲詩人喜愛，兩人保持了多年的同性
戀關係。不料王鳳青春早夭，使鄭燮悲痛欲絕，
久難釋懷。知濰縣後，偶然發現縣中一位小皂
隸，外貌極似故僕王鳳，不禁感慨係之，生發
出一片「鴛夢重溫」的春思：

　　　　　喝道前行忽掉頭，風情疑是舊從遊。
　　　　　問渠了得三生恨，細雨空齋好說愁。
　　　　　口輔依然性亦溫，差他吮筆墨花痕。
　　　　　可憐三載渾無夢，今日輿前遠近魂。
　　　　　小印青田寸許長，抄書留得舊文章。
　　　　　縱然面上三分似，豈有胸中百卷藏！
　　　　　乍見心驚意便親，高飛遠鶴未依人。
　　　　　楚王幽夢年年斷，錯把衣冠認舊臣。
　　〈縣中小皂隸有似故僕王鳳者，每見之黯然〉

　　鄭燮放浪形骸，身邊常有「青童」、「裙郎」
陪伴。詩人深得其樂，詞賦咏之：

　　　　　年過五十，得免孩埋……閨中少婦，

好樂無猜。花下青童，慧點適懷。圖書在
屋，芳草盈階，畫食一肉，夜飲數杯，有
後無後，聽已焉哉！

〈止足〉

韻遠情親，眉梢有話，舌底生春。

把酒相偎，勸還復勸，溫又重溫。

柳條江上鮮新，有何限鶯兒喚人。

鶯自多情，燕還多態，我只卿卿。

《柳梢青‧板橋居士贈裙郎》

留傳甚廣的《板橋竹枝詞》中亦頗有同性
戀心理的絕妙刻畫：

翩翩少俊好腰身，半揖鞭梢對客人。

忽漫翻身騎馬去，綠楊陰裡一行塵。

面上春風眼上波，秋歌高唱扮漁婆。

不施脂粉天然俏，一幅纏頭月白羅。

兩兩風流正少年，相逢杯酒不論錢。

醉中款語湖山背，說話鸚哥莫近前。

〈濰縣竹枝詞〉

詩人的文學交遊也以獲贈孌童、俊僕為酬：

> ……江秩文，小字五狗，人稱五狗江郎。甚美麗。家有梨園子弟十二人，奏十種番樂者。十二人皆少俊，主人一出，俱廢矣。其園亭索板橋一聯，題曰：「草因地暖春先翠，燕為花忙暮不歸。」江郎喜曰：「非唯切園亭，並切我。」遂徹玉杯為壽。

> 常二書民有園，索板橋題句。曰：「憐鶯舌嫩由他罵，愛柳腰柔任爾狂。」常大喜，以所愛僮贈板橋，至今未去也。……
>
> 《板橋偶記》

清代同性戀美學的重大發展是專門描寫同性戀愛長篇小說的出現：《品花寶鑑》、《弁而釵》、《宜香春質》、《龍陽逸史》等為代表作。其中尤以陳森所著之《品花寶鑑》影響最大。

此書以梅子玉和杜琴言神交情戀為主線，兼寫一些達官名士與梨園八大名旦友好往來的

光明行為，同時穿插描寫了一些富商市井、紈袴子弟之流玩弄、姦污優伶的醜惡行徑，企圖透過對「情之正者」與「情之淫者」的對比描寫，來劃分情之邪正，寓勸懲之意。小說寫得纏綿緋惻、枝蔓曲折，頗盡才子佳人小說之情韻。

綜上所述，中國古代同性戀美學有以下幾個特點：

1.中國古代美學同性戀是世界美學史上歷時最久、持續時間最長的一種特殊美學體系。它源於商周史載，中經三千餘年，一直發展到清末，中間沒有出現西方美學史上近一千年的中世紀同性戀美學的空白和斷代，而是滔滔汩汩、綿延數千年而不絕，並且在春秋戰國時代、漢初、六朝、明清時代形成四次美學高潮，在世界美學史上形成罕見瑰麗的奇觀。

2.中國古代同性戀美學對同性戀這樣一種重要的自然生理、心理現象和文化現象一直採取理解、寬容的態度，許多描寫還充滿讚美之情，這與近代以來對同性戀的罪錯態度形成鮮明對照。中國古代同性戀美學一般明確區分兩

情相悅的同性戀愛和淫蕩脅迫的同性性剝削，
對前者極盡讚美歌頌之詞，對後者則予以揭露
和批判。

3.中國古代同性戀美學觀念遍佈所有古代
文學樣式和體裁之中，詩、詞、歌、賦、散文、
小說、戲曲、神話故事、史傳、雜錄……無所
不包。它賦予同性戀以合乎自然的倫理道德基
礎，並且在諸多美學實踐和藝術形式中，始終
貫徹了對同性戀同等相待的原則。

4.中國古代同性戀美學以「深情」和「忠貞」
為最高理想，同性戀這一特殊現象折射出的人
情世情，透過溫柔蘊藉的美學情調和詩意雋永
的美學韻律，獲得了細膩感人的藝術呈現。溫
情性和詩意性是中國古代同性戀美學的基本品
格和基本境界。

五、同性戀：近現代的文化禁區與當代美學潮流

同性戀在中國古代社會從來不是一個「社

會問題」。同性戀作為一種情感方式和生活方式在古代社會的人際交往和家庭制度中扮演著邊緣化的補充角色，它的存在受到普遍的理解和寬容，它在情感、美學領域所達到的境界受到廣泛讚美。

隨著近代文化和都市文明的社會高度一統化和壓抑化，同性戀被設置了嚴厲的「道德」禁區和「法律」禁令，許多同性戀者遭到不公平的迫害和歧視。中國同性戀美學遂停滯在古代水平達一個多世紀，形成類似於西方中世紀的「同性戀美學的百年沉寂」和空白時期。然而，同性戀者在這一困難的歷史時期仍以各種方式堅持自己的性取向和生活方式。隨著專制政治的鬆馳，同性戀文化重新活躍，當代作家、學者、藝術家寫出了一系列有關同性戀問題的論文、調查研究報告、紀實文學、小說、戲劇、電影，呼籲對同性戀者的基本寬容、對同性戀文化的基本尊重，引起了廣泛的社會注意和社會同情，使中國同性戀美學的復甦成為可能。

本世紀七〇年代，台灣作家白先勇打破「百

年沉寂」，發表小說《孽子》，率先對台灣及海外的同性戀中國人的生活予以藝術表現，八〇年代中期在大陸出版，對大陸同性戀文化的復甦產生了廣泛深入的影響。1995年，著名作家蕭乾連續發表文章，呼籲對同性戀者的理解和寬容，引起了巨大的社會反響。萬延海有關同性戀問題的一系列文章、演講和社會活動；中國社會科學院研究員、著名生命倫理學家邱仁宗主持下，一批專家學者和社會工作者共同提出的〈關於同性戀問題的共識與建議〉；張北川的科學著作《同性愛》；李銀河、王小波的社會調查著作《他們的世界》；方剛的紀實文學著作《同性戀在中國》等，對大陸同性戀文化的建設作出了積極有效的貢獻。九〇年代許多前衛藝術家表現同性戀題材的文藝作品，爲中國當代同性戀美學的復活草創了根基。作家陳染在英國牛津大學、倫敦大學、愛丁堡大學、英中協會等處所作的公開演講，預示著同性戀將成爲深刻影響未來中國社會文化面貌和價值觀念的美學潮流之一：

　　我想談一下中國文學中同性之愛的問題。目前中國已有不少精神同性之愛者（包括肉體同性愛），特別是在知識上優秀的同性之間——即作家、藝術家、思想者等。

　　是否可以這樣理解：越是思想深刻的女性和男性，越是難以找到對等的異性伴侶，她（他）們忍受著孤獨之苦。在我的小說裡有不少這樣的女主人公。

　　但是，歷史對人類的性行為，出於繁衍的原始目的，幾千年來一直延續著一種約定俗成的規範——男女愛情。所以，一些同性愛者在這個「規範」上受到壓抑、歧視，她（他）們徘徊、掙扎。

　　在今天，中國最新一代知識女性（包括男性）終於擺脫了性愛的甘願被利用的心態，無論是對於傳統的某種規範，還是幾千年來延續的性愛的原始目的，她（他）們的內心開始擁有叛逆思想。

　　迄今為止的中國傳統性行為，是源於人的生命力繁衍後代。因此只有異性愛才

被認爲是正常的。這個「規範」從當前世界範圍看，已將漸漸被打破。我堅信，隨著愛情越來越脫離原始的繁殖目的，也漸漸脫離經濟物質上的生存依賴關係，當愛情也像藝術一樣可以純粹不摻雜愛情本身之外的目的時，約定俗成的那種「愛情」一統天下的歷史就會結束。

　　……我熱愛優秀的男人，也熱愛優秀的女性。我只是在這裡說，人類有權按自身的心理傾向和構造來選擇自己的愛情。這才是眞正的人道主義！這才是眞正符合人性的東西！

　　異性愛霸權地位終將崩潰，從廢墟上升起超越性別意識。這樣，異性愛與同性愛才會變得同樣高貴。

　　　　　　　　〈超性別意識〉，《香港作家》

　　　　　　　　　　　　　　（1994年10月15日）

第二章
愛的迷狂
——西方同性戀美學

　　西方同性戀美學的發展歷程與中國同性戀美學在古代循序漸進的發展截然不同，它經歷了古希臘同性戀美學的高峰之後，在中世紀突然跌入谷底，在中古時代銷聲匿跡達一千餘年，直到近現代才重新復甦。由於歷史的長期壓抑，同性戀美學在現代西方一柱衝天，形成了波瀾壯闊、席捲整個世界的第二次美學高潮。這一點與近現代中國同性戀美學的一個多世紀的「百年沉寂」也形成了鮮明的對照。

一、古希臘同性戀美學的高度繁榮

古典時代的西方同性戀美學始於希臘。同性戀在古代希臘社會不僅具有合法地位,它還被高度哲學化、玄學化、神祕化,從而形成人類歷史上影響深遠的第一次同性戀美學高潮。

在豐富瑰麗的古代希臘神話中,高居奧林匹斯山的諸神們常有同性戀愛的故事發生,主神宙斯即與為他斟酒的美少年伽尼彌德相戀,這則神話與中國古代同性戀美學將歷史上第一個同性戀者追溯到黃帝一樣,賦予同性戀行為以極大的源初性和神聖性,後世因此將同性戀少年稱為「伽尼彌德」。

古希臘的另一則神話更富於神祕色彩:主司光明、音樂、預言和醫藥的英俊之神阿波羅愛上了一位牧羊少年海俄辛瑟斯,但他不慎擲出的鐵餅誤殺了少年,牧羊少年流血處生出一種美麗的花,叫風信子……這篇神話如一個讖

語，給漫長的西方同性戀歷史蒙上了一層神祕
的宿命色彩：它似乎預示著，西方同性戀者將
蒙受漫長的歷史劫難，然後才能綻放出美麗的
繁花。

　　與中國古代同性戀美學那種怡然賞玩的審
美態度不同，西方同性戀美學一開始便富於強
烈的悲劇色彩，人類生活中不可解的重大課題
——生與死、愛與恨、靈與肉、自由與秩序、
短暫與永恆……——在同性戀文化中形成更加
尖銳的哲學衝突和美學衝突，使西方同性戀美
學極富哲學思辯性和美學探索性，成為洞察人
類生存方式和價值系統、重大社會文化思潮走
向的獨特深邃的窗口。

　　西方同性戀最早的美學紀錄始見於西方文
學之父荷馬（Homeros）的史詩。荷馬在《伊
利亞特》中極深情地描繪了少年英雄阿喀琉斯
對同性情人帕特羅夫克斯的熾烈愛情。震動西
方古代史的、著名的特洛伊之戰的關鍵所在繫
於阿喀琉斯的性取向：他因主帥阿加曼農奪去
自己的一個女俘而罷戰，直到愛人帕特羅夫克

斯戰死，他才重新披掛出征，大勝敵軍，並且
對殺害自己愛人的敵將赫克托耳實行極殘忍的
復仇。荷馬將這個情節處理得驚心動魄，尤其
阿喀琉斯哀悼情人之死的片段，寫得雲愁霧
慘、鬼泣神驚，極有力的凸顯了同性愛情那生
死與共的感人品質和理想境界。

　　古希臘的同性戀美學在薩福（Sappho）的
抒情詩中獲得了詩意的表現。

　　薩福大約生在公元前612年左右，出身貴
族。她在其出生地勒斯波斯創辦了貴族女子學
校，她的大部分作品都是表達對自己的女弟子
的愛情的，因此「女同性戀者」依薩福的出生
地被命名為「蕾絲邊」（Lesbian）。美國學者莫
爾頓‧亨特在《情愛自然史》中論述了薩福同
性戀詩歌的歷史影響和文化價值：

　　　　她的詩歌對後世的文學和人們的日常
　　生活產生了巨大的影響。兩千五百年來，
　　情人們所忍受的情感痛苦，大部分已被薩
　　福描寫過。她的這一發明在產生心理影響

的同時，也對文化的形成產生了作用。

《情愛自然史》，第58頁

(作家出版社，1988年，北京)

　　這位被尊稱為「第十個繆思」因而與希臘
諸神並列的詩人，她的作品標誌著西方同性戀
文學在起步之初具有的高度。薩福的同性戀情
詩祖露了同性情人間愛戀、狂熱、猜疑、妒嫉、
失戀等複雜情感。她留詩九卷，但大部分被中
世紀的基督教會以「有傷風化」的罪名焚燬，
只剩一些斷簡殘篇。

　　這是自己的女弟子即將出嫁而感受到的內
心痛苦：

　　在我眼裡他（新郎）好像一位神祇
　　正美滋滋地痴望著妳，
　　靜靜的坐在妳身旁，
　　聆聽妳娓娓細語。
　　低弱的笑聲中流露著愛的愜意，
　　噢！
　　這一切使我那憂鬱的心在胸中顫慄。

只要我凝望妳片刻，

周身便被滋滋鳴響的靈火燃遍，

唇舌焦裂，不能言語；

悲鳴在耳中轟響，

我四肢顫抖，汗流如雨；

面如秋草，形同枯槁，

蹣跚踉蹌墮入愛的迷離。

　　　　　　　　　《致阿提斯》

亨特對此評論說：

　　　　這首詩呈現出某種新的、在原始的生
活中詩歌以及故事中沒有出現過的東西。
它標誌著西方愛情的誕生。不管現代男女
的愛情韻事與薩福的愛情經歷怎樣不同，
他們對愛情的迷戀從表現形式上看依舊是
如出一轍。

　　　　　　　《情愛自然史》，第58頁

　　這樣看來，「西方愛情」從一誕生即帶有同
性戀的因素。男女異性間的愛情正是從同性戀

中脫胎出來的：因爲在古希臘，只有男子之間
的同性戀才算愛情，才值得追求；女人則形同
奴隸，只是生育的工具，不值得奉獻愛情。而
後世男女之愛則完全仿照同性追求的模式：因
爲同性愛情擺脫了生殖義務，完全依賴雙方品
貌與性情的和諧，需費力加以培植才能如願
──「西方式的愛情」誕生了。

　　在西方學者的心目中，古代東方人的「愛
情」依父母之命、媒妁之言而定，同性愛情也
多發生在帝王將相、有錢有勢的成年人和年幼
力弱的孌童之間，因此與古希臘城邦自由民之
間的愛情追求具有不同的特質。

　　然而相同之點也很多，比如成年人對美少
年的迷戀，在古今中外的同性戀者中如出一
轍：與薩福齊名的愛情詩人阿那克里翁（Ana-
creon，約公元前570～？），以微妙之筆描寫了
對美少年的愛慕：

　　　眼光顧盼如處女的少年
　　　我追逐你，你不睬

　　你哪知，我靈魂的韁繩由你掌握。

《少年》

　　古希臘給同性戀以「人類最高級關係」的美名，認爲它是一種人類感情最完美的表達方式。古代西方最淵博的學者和哲學家亞里士多德(Aristottles，公元前384～公元前322)在《尼可馬亥倫理學》中極力維護這樣的主張：「最完美的友誼和愛情大多產生於男人之間。」

　　所有戀情都是人本能的性衝動、性好奇與社會出於種種目的對之進行性壓抑、性蒙昧因而兩相激化的產物。文明制度對人的生命能量越是橫加鉗制，愛情越熱烈；相反，在性開放、性自由的社會，它的目標則轉向在人的生殖快感之上尋求一種精神上的和諧與完美。於是人類以洩欲和生殖爲基本內容的愛情生活被賦予超出其生理基礎的哲學的、宗敎的、美學的文化內容。

　　可以想像，在男人聚集的成年世界，爭名逐利的名利場中，一位美少年的出現會引起這

些利欲薰心的「濁男子」（套用《紅樓夢》說法）的多少超塵之想！瑟諾芬尼在他的《言論集》中精確地描寫了公元前424年雅典的一次宴會中人們對美少年的迷戀程度，可視爲古希臘同性戀美學的典範：

> 無論是誰，如果他當時目睹這裡所發生的一切，就會認爲美確有一種妙不可言的神力，尤其是當一個人像奧托里克斯（出席宴會的美少年）那樣集羞澀、謙恭、優美於一身的英俊時。這一形象猶如一盞出現在黑暗中的明燈，照亮了每個人的眼睛。就這樣奧托里克斯以他的俊美吸引了當時所有人的注意力……有的人一下子啞口無言，有的人陷入了沉思……就好像有一絲溫柔的愛情感召著他們。他們更加留意自己的面部表情，把說話的聲音放得更溫和，舉手投足都更顯得高雅不凡了……在座的客人們心神不安，以至一個職業小丑進來說了好幾個笑話，也只贏得幾聲輕

笑，弄得他十分尷尬。他實在不明白：這
些人爲何如此憂傷。

　　英俊漂亮的人在那些傾心愛情的人們
心中激起了某種靈感，使他們更加慷慨大
方，更熱心於勞作忍耐，在艱苦的環境中
做出偉績，同時更謙恭禮讓，自行自律，
因爲他們往往羞於貪欲。不選擇英俊男人
做他們軍隊首領的人簡直是瘋子。

《情愛自然史》的作者寫道：

　　希臘人認爲男人總是近乎完美的，因
此是更理想的愛情對象。那些有文化修
養、興趣高雅的男人尤其如此，因爲他們
把精神上的一致作爲愛情追求的一部分。
尚未成熟的英俊少年比異性情侶更能燃起
他們熾烈的感情之火，因爲他們帶著姑娘
式的腼腆、精力旺盛、朝氣蓬勃，男子漢
氣質正處於含苞待放之時。這種愛遠遠超
出了純生理的範疇，成爲一種高雅的，具
有美學意義的情趣。

《情愛自然史》，第55頁

　　美少年在希臘成年男子心目中「那可望而不可及的」姿容使他們陷入迷狂，這種迷戀連對外界事物一向冷漠的蘇格拉底也難以避免：《饗宴篇》以文學手法描寫了宴會中蘇格拉底與其他客人向座中的美少年爭寵的場面。一位與蘇格拉底有曖昧關係的美貌青年亞爾西巴德在對話中說：

　　　　你們看看，蘇格拉底對於美少年們是怎樣多情，他時時刻刻纏著他們獻殷勤，一見到他們就歡天喜地的……並非我一人受騙，格羅庚的兒子卡米德，第俄克利斯的兒子攸惕頓，以及許多其他人都受過他的騙，他假裝情人，而所演的卻是愛人的角色！

　　　　　　　　　　　　　　　　《饗宴篇》

　　蘇格拉底是西方哲學史上劃時代的偉大哲學家，也是古代西方最著名的同性戀者。他與

他的學生柏拉圖之間的同性戀情是古代文化史
上一段著名的佳話。據說柏拉圖的全集中有他
與蘇格拉底之間戀愛的忠實紀錄：

> 　　他（蘇氏）渴求我的青春，我能委身
> 於他，親聆教益，亦自覺榮幸。
> 　　　　　轉引自陳若曦，《紙婚》，第156頁

　　深刻地影響了西方人思維模式的偉大哲學
家柏拉圖（Plato，公元前427～公元前345）將
同性戀哲學化、美學化、玄祕化，創造出人類
文化史上最系統的同性戀哲學和同性戀美學。

　　柏拉圖是西方古代最大的哲學家，他二十
歲時師從蘇格拉底，四十歲時創辦了自己的學
園，廣收徒眾，在講學過程中寫出了四十篇對
話錄，廣泛探討哲學、宗教、政治、倫理、法
律、教育、文藝等重大問題，是希臘文學中傑
出的散文作品。

　　他認為，哲學唯一要思考的是愛和美的本
質，而古希臘人的「愛情」係專指男子之間的
同性戀愛，這樣，柏拉圖的哲學便帶有極濃的

同性戀色彩。

在《裴德若篇》中，柏拉圖藉蘇格拉底之口將主宰人性的迷狂分爲四種：預言的、教儀的、詩歌的、愛情的，每一種迷狂都是神靈憑附造成的，其中愛情的迷狂「首屈一指」：

> 人人都知道，愛情是一種欲念；……我們須想到我們每個人都有兩種指導原則或行爲動機，我們隨時都受它們控制，一個是天生的求快感的欲念，另一個是習得的求至善的希冀。……有一種欲念，失掉了理性，壓倒了求至善的希冀，漫淫於美所生的快感，那就叫做「愛情」。
>
> 《文藝對話集》，第110頁
>
> （柏拉圖，《文藝對話集》，朱光潛譯，
>
> 人民文學出版社，1963年，北京）

> ……以上所講乃第四種迷狂。有這種迷狂的人見到塵世的美，就回憶起上界眞正的美，因而恢復羽翼，而且新生羽翼，急於高飛遠舉，可心有餘而力不足，像鳥

兒一樣昂首向高處凝望，把下界一切置之
度外，因此被人指爲迷狂。……鍾愛美少
年的人有了這種迷狂，就叫做愛情的迷
狂。

（同上，第125頁）

　　每個人的靈魂，天然地曾經觀照過本
體眞實界，否則它就不會附到人體上來。
……只有少數人還能保持回憶的本領。這
些少數人每逢見到上界事物在下界的摹
本，就驚喜不能自制……

　　有兩句歌頌愛神的詩：「凡人叫他做
憑翼而飛的愛若斯（EROS）；但神們叫他
做羽客，因爲生性能長羽翼。」

（同上，第315頁）

　　此處柏拉圖將「羽客」的原意「愛情見異
思遷」改爲「超以像外」的神祕主義別解，並
把愛情的迷狂哲學化爲對「永恆眞實的本體世
界」的驚喜照面。美少年被說成是「上界事物
在下界的摹本」，引人回憶起「上界」，進而脫

離迷狂，觀照「上界真正的美」。柏拉圖主張「以哲學的愛去愛美少年」，故「柏拉圖式的愛情」係指純精神的同性戀愛。

然而柏拉圖並未斷然排斥同性間的肉體關係。他以人心中求快樂的劣馬和求真理、求至善的良馬相鬥爭作譬，號召人們在同性愛中潔身自好，如果不能做到，則真心相愛，也能昇天：

　　……情人間的泉流———宙斯鍾情於伽尼彌德（替宙斯斟酒的美少年）時叫它「情波」———……流進了美少年的靈魂。

　　這樣的他在愛了，愛什麼呢？他說不出，也說不出他嚐的什麼滋味，爲了什麼理由。……他倆同床時，那情人不受約束的馬就勸他要在一點快活事裡得到許多心血的報酬；愛人的劣馬雖不做聲，可是熱得發燒，莫名其妙地神魂不寧，伸出膀子去抱那情人，吻他……他們既擁抱在一起了，情人若要求什麼，愛人也就不至於拒

絕了。但那匹馴良的馬卻受了貞潔和理性
的感召，向那匹劣馬進行掙扎抵抗。

　　……兩匹劣馬很可能在沉醉或放肆的
時候，趁靈魂不戒備，把他們帶到一個地
方，選擇凡人以爲快樂的事做。既然做了
一回，他們以後就陸續地做，可是還不敢
做得太多……他們將手牽手一路前行，過
著光明愉快的生活，到長羽翼之時便長出
羽翼，爲了他們愛情的緣故。

（同上，第135頁）

　　在古希臘，同性愛侶中年長者稱「情人」，
即付出愛情的人；年輕者稱「愛人」，即接受愛
情的人；情人通常要在愛人的成長中付出很多
心血，愛人則以情回報。這種關係集情感、教
育、軍事及體育活動中相互砥礪的功能於一
體，被亞里士多德稱爲「最完美的人類關係」。
所以在《饗宴篇》中，柏拉圖藉衆人之口，援
引阿喀琉斯爲愛戰死（詳見本章第一節）和一
對同性愛侶爲雅典恢復民主的先例，說明同性

愛的巨大力量：亞里斯脫格通鍾愛少年男子哈
莫弟烏斯，專制君主希庇阿斯的兄弟希巴庫斯
奪其所愛不成，凌辱這對愛友。他們設計暗殺
了希巴庫斯，兩人因此先後犧牲。僭主政權由
此被推翻。雅典人奉這對愛侶爲義士。柏拉圖
由此將同性戀上昇爲倫理道德原則：

> ……由此可知，凡一個地方把接受情
> 人的寵愛當作醜事的，那地方人的道德標
> 準一定很低，才定出這樣的法律，它所表
> 現的是統治者的專橫和被統治者的懦弱。
> 反之，凡一個地方無條件把愛情當作美事
> 的，那方人民絕不願定出這樣的法律。……
> 神和人都准許情人有完全的自由……在我
> 們的城邦中，做愛人和做情人是很光榮的
> 事。

（同上，第229頁）

　　隨後又藉喜劇家阿里斯托芬之口，賦予同
性戀以神話色彩和神創起源的高貴品性，說從
前人有三種：男、女、陰陽人。器官全有一對，

分別生自太陽、大地、月亮。由於精力旺盛、
圖謀向神造反。宙斯為削弱之，便一劈為二，
這一半想念那一半，只求結合：

　　　……男女結合傳下人種，男男結合可
　　平洩情欲，讓心裡輕鬆一下。這樣，從古
　　代，人與人彼此相愛的情欲就種植在人心
　　裡，它要恢復原始的整一狀態，把兩人合
　　成一個，醫好從前截開的傷疼。……女女
　　相戀為女同性戀者。男男相戀就稱變童或
　　象姑。他們在少年男子中大半是最優秀
　　的，因為具最強烈的男性，最好的證明是
　　這批少年長大後在政治上顯出男子漢大丈
　　夫的氣魄。……我們本來是完整的，對於
　　那種完整的希冀和追求就是所謂愛情。
　　……我說全體人類都只有一條幸福之路，
　　就是實現愛情，找到恰好和自己配合的愛
　　人，總之，回原到人的本來性格。

　　　　　　　　　　（同上，第237～243頁）

　　愛情是神中最古老的；是人類最高幸

福的來源……我看不出一個人比擁有一個
情人或愛人，還能有什麼更高的幸福。……
一支軍隊全由情人和愛人組成將所向披
靡。……

　凡身體方面生殖力旺盛的人寧願接近
女人……凡心靈方面生殖力旺盛的人則愛
慕美少年，並由之觀照永恆真實界。……
這時他憑臨美的汪洋大海，凝神觀照，心
中無限欣喜……這種美永恆不變，無始無
終、不生不滅、不增不減。……

（同上，第310～315頁）

《饗宴篇》和《裴德若篇》是人類歷史上
最深刻、最美麗的愛情哲學和同性戀哲學。它
在對愛情的解釋中昇華出對人類生存方式的哲
學觀照。一再宣稱自己「一無所知」的蘇格拉
底在這兩篇對話中說出了至理名言：「我什麼
都不知道，就只知道愛情。」而以柏拉圖為代
表的古希臘晚期同性戀美學，則力圖給予同性
情慾以精神化的、神祕化的解釋，號召人們擺

脫同性愛的「迷狂」，從美少年的外形色相之美
上昇到對永恆本體世界的絕對之美的觀照之
中。這實際上是現代性學家佛洛伊德壓抑情欲
以達到哲學和審美昇華理論的先聲。

　　古希臘同性戀美學除了文學、哲學上的成
就外，它的最大貢獻是奉獻了無與倫比的同性
戀藝術：裸體的男性雕塑，將男性之美淋漓盡
致地表現出來，更重要的是，它塑造了人類凝
視這些裸體形象時純潔無暇的「美的目光」。這
一目光貫穿了從遠古到當代的人類全部文化史
和藝術史。

二、古羅馬的肉欲之歡和中世
紀的千年禁忌

　　但同性間的肉欲之歡仍是大多數同性戀關
係中的基本內容，這一點在古羅馬社會中明顯
表現出來：

　　　雖然羅馬人的愛情與希臘人的十分相

近，但實際上存在很大差別。羅馬雞姦十
分普遍，但仍停留在純肉體的階段。羅馬
男人對從精神和意識上贏得「英俊少年」
絲毫不感興趣，而只想誘姦他們或者把他
們買到自己的床上。免得傷神動腦（當大
加圖聽說一個少年的價錢比一個農場還
貴，可以賣一泰倫時，他曾大怒不已）。

《情愛自然史》，第86頁

　　威風赫赫的凱撒大帝、與埃及女王克麗奧
佩特拉共譜風流的羅馬名將馬・安東尼、奧古
斯都、台比留、卡利古拉、德爾圖良、哈德良
……都有自己的同性情人；暴虐的尼祿竟將美
貌少年多里弗羅斯先行去勢，然後迎娶爲皇后
……「羅馬五賢君」之一的哈德良大帝寵愛希
臘美少年安提努斯的故事，是流傳極廣的古代
愛情佳話：公元122年，安提努斯溺水死於尼羅
河，哈德良大帝爲他在全國各地修建寺廟，奉
爲神明。廟中所塑安提努斯的希臘式裸體雕
像，俊美無比，令人嘆爲觀止。

　　古羅馬中期最著名的詩人是賀拉斯和維吉爾。

　　賀拉斯（Horatius，公元前65年～公元前8年）的主要作品有：《諷刺詩集》、《長短句集》、《歌集》、《世紀之歌》、《書札》等。公元前23年，他的《歌集》前三卷發表，收有詩作八十八首，大多寫他對自己的同性情人利克里努斯、房格斯、利西斯克斯的愛慕相思：

> 我被愛情沉重的投槍擊中，
> 它把我置身於欲望的毒火中，
> 比任何人都要渴望著青年男子
> 那溫柔戀情的安撫……
> 對利西斯克斯的愛使我迷惘。
> 曾聲稱他的溫柔勝過任何女人……
> 朋友們的嚴厲指責對我無濟於事。
> 我只能等待心頭燃起另一束欲望的毒火，
> 撲向另一位窈窕淑女或者英俊少年的懷抱，
> 在溫情脈脈之中得到解脫。

《歌集》，第十一首

維吉爾（Vergilius，公元前70年～公元前19年）主要的作品有《牧歌》、《農事詩》、《埃涅阿斯紀》。他在《牧歌》十章中熱情地讚頌了年輕牧人阿列克塞（他自己的化身）與亞歷山大的不朽的同性愛情。其中《牧歌》第四章引起後世極大爭論：在這篇作品中，詩人莊嚴宣告一個新時代的開始，歌頌一個嬰兒的誕生將帶來未來的黃金時代。從公元四世紀起，不少基督徒認為這是指耶穌的降生，是對未來天國的預言。羅馬教會因此尊他為未來世界的預言家和聖人，使他在中古時代一直享有特殊的尊榮地位。

然而實際上，這個嬰兒是生於公元前42年的美少年馬爾切魯斯，他是奧古斯都的妹妹渥大維婭的兒子，深得奧古斯都的寵愛，曾被認為是他的繼承人。公元前25年，馬爾切魯斯又娶奧古斯都的女兒尤麗亞為妻，可惜他在公元前23年即病死，只活了二十歲，因此未能繼承

帝位。馬爾切魯斯與詩人的「交誼」也極深，維吉爾在後來創作的史詩《埃涅阿斯紀》中特別加上一段哀悼馬爾切魯斯早夭的詩（第六卷第860～886行）。

　　然而，宗教附會卻將一絲不祥的氣息帶進了維吉爾的牧歌樂園：一個同性戀者橫遭殺戮的千年劫難隨之而來。中世紀的歐洲，基督教將同性戀定為十惡不赦的大罪，一些同性戀者因此被施以火刑，同性戀美學逐銷聲斂跡。但在宗教文學那些狂熱的愛慕人子耶穌的祈禱詩中，我們仍能分辨出同性戀的性幻想和性隱喻；聖徒塞巴斯蒂安的裸體披箭的性感形象成為許多同性戀藝術家熱衷的題材；《舊約》對英明之王大衛和約拿單之間關係的描寫也極富同性戀色彩；近代作家薄伽丘、狄德羅暴露寺院僧侶之間同性關係的作品《十日談》、《修女》等，和現代作家尤瑟納的《熔煉》等，都為後人披露了宗教禁忌下的同性愛故事。

三、文藝復興時期的熹微晨光

　　西方近代同性戀美學始於義大利的文藝復興。隨著人的解放，人的同性情欲在藝術中的表現也開始復甦。文藝復興時期的藝術巨匠莎士比亞、達·芬奇、米開朗基羅、格列科等都是同性戀者。他們的作品成爲近代同性戀美學的高峰。

　　據英國著名性學家埃利斯（Henry Havelock Ellis，1859～1939)在《性心理學》(1933)中的披露，文藝復興時期著名的同性戀者還有：但丁的老師拉梯尼（Latini)、法國人文主義者莫瑞（Muret)、英國文藝復興時期的主要詩人和劇作家馬洛（Christopher Marlowe，1564～1593)、近代科學方法的創始人弗朗西斯·培根（Francis Bacon) 等。

　　藝術巨匠米開朗基羅（Michelangelo，1475～1564) 在他的詩歌中熱烈地傾訴了同性

戀的深情：自1502年起，他的大部分詩都獻給自己的同性戀人卡瓦利耶里，這些作品像他不朽的雕塑「大衞」、「被縛的奴隸」一樣，深沉、雄渾、完美，是同性戀藝術的頂峰之作。1623年，他的作品由他的侄子整理出版，名爲《詩集》；包括情書在內的《書簡》則遲至1875年才出版。

英國文學中最偉大的作家莎士比亞（William Shakespeare，1564～1616）是西方近代最著名的同性戀者。

莎士比亞的《十四行詩》寫於1592～1598年間，是對同性戀愛的深情歌頌與讚美。1～126首寫詩人與一貴族青年之間愛情的昇沉變化；127～154首則抱怨一個「黑膚女子」對兩人愛情的干擾和自己同性戀人的用情不專，哀嘆同性愛情的沒有保障。

莎士比亞的同性戀者身分與文藝復興時期的另兩個巨匠達・芬奇、米開朗基羅的同性戀者身分一樣，表明西方近代同性戀對中世紀禁欲主義的反撥，同時印證了佛洛伊德的文藝心

理學：偉大的藝術天才都是心理上的「雌雄同
體」，他們異於常人的性能力和性取向正是他
們獲得藝術昇華的心理動力。

　　莎士比亞在詩中惋惜於愛人與自己是同
性，認為是「造化」「誤加」給情人「一件東西」
（男性生殖器）：

　　你有張女人的臉，由造化親手塑就，
　　你，我熱愛的情婦兼情郎；
　　有顆女人的溫婉的心，
　　但沒有反覆和變幻，像女人的假心腸；
　　眼睛比她明媚，又不那麼造作，
　　流盼的把一切事物都鍍上黃金；
　　絕世的美色，駕御著一切美色，
　　既使男人暈眩，又使女人震驚。
　　開頭原是把你當女人來創造：
　　但造化塑造你時，不覺著了迷，
　　誤加給你一件東西，這就剝掉
　　我的權利──這東西對我毫無意義。
　　但造化造你既專為女人愉快，

讓我佔有，而她們享受，你的愛。

（第二十首）

　　一代詩聖莎士比亞從心底體會出自己這種
「不合法」、「無保障」的戀情的痛苦：

　　爲抵抗那一天，要是終有那一天，
　　當我看見你對我的缺點蹙額，
　　當你的愛已花完最後一文錢，
　　被周詳的顧慮催去清算帳目；
　　爲抵抗那一天，當你像生客走過，
　　不用那太陽———你眼睛———
　　向我致候，
　　當愛情，已改變了面目，要搜羅
　　種種必須決絕的莊重的理由；
　　爲抵抗那一天我就躲在這裡，
　　在對自己的恰當評價內安身，
　　並且高舉我這隻手當眾宣誓，
　　爲你的種種合法的理由保證：
　　拋棄可憐的我，你有法律保障，
　　既然爲什麼愛，我無理由可講！

（第四十九首）

　　文藝復興時代的藝術繁榮是柏拉圖的同性
戀哲學（見前引）的近代印證。柏拉圖認為，
身體方面的生殖力使人愛戀異性，心靈方面的
生殖力使人愛戀同性。前者的目的是種族的繁
衍，後者的目的是文化的創造。縱觀古往今來
的大哲學家、大藝術家、大軍事家、大政治家
中有許多同性戀或雙性戀者的事實，我們不能
不佩服柏拉圖對人性的這一基本洞察。蘇格拉
底、柏拉圖、培根直到現代的維根斯坦之於哲
學，達‧芬奇、米開朗基羅、格列科之於美術，
莎士比亞、拜侖、惠特曼、紀德……之於文學，
凱撒之於軍事，邱吉爾之於政治外交……這些
同性戀或雙性戀者的輝煌成就，顯示他們身上
非比常人的智慧、勇氣、創造力與他們在性能
力和性取向方面也「非比常人」的特點有關。
他們「心靈的生殖力」使他們在對同性之美的
觀照和同性之愛的追求中放射出彪炳千古的奪
目光輝。

　　「他們有一顆偉大的心靈！」人們通常對他們的評語中包含了他們創出驚天動地事業的祕訣：一顆偉大的心靈──包括過人的敏感；過多的、流向同性、異性、全人類的愛；對權力和名望鍥而不捨、百折不撓的追求；向歷史、時代挑戰的勇氣和開創未來的能力；擺脫了市儈哲學和庸人習氣的高遠的生活境界……。

　　而文藝復興時代的藝術繁榮，導源於古希臘美學的復活。這種美學的核心是：人是美的，生命是美的，集中體現人性之美和生命之美、心靈之美和肉欲之美的人體是最美的！而同性之美是人性之美的極致。不必尋找任何宗教的或道德的原因，為這種對美的熱愛辯護。同性愛，如屹立在每個青年男子心中、出現在每一夢海深處的裸體大衛像（米開朗基羅塑）一樣，是對青春的熱愛，是對生命的熱愛，是對美的熱愛。

四、浪漫主義時代的個性覺醒 與同性戀覺醒

　　浪漫主義時期是西方近代同性戀美學的覺醒期。拜倫、惠特曼、梅爾維爾、柴可夫斯基……這些同性戀者的藝術作品如璀璨的明珠，至今閃耀在美學的高空，歷數百年而不滅其色。

　　拜倫（George Gordon Byron，1788～1824）是浪漫主義初期的代表人物。他生於倫敦的貴族家庭，十歲即承繼男爵爵位。他在劍橋大學讀書時即愛上了三一學院附屬教堂的一個歌童，1810年，他住進雅典的卡普欣男修道院，與那裡的院長和六名青年學生共同生活，他們中至少一人，尼科洛·吉拉烏德，是他的情人。1812年，他發表詩體遊記《柴爾德·哈羅德遊記》，一夜成名。詩中旅行者哈羅德是一個年輕的、多愁善感的神祕人物。他自稱「早已知道人世最壞的事情」，暗示有過不可告人

的罪孽，世間沒有什麼還能刺激他的好奇心，
這實際上是指自己的同性戀。其後一系列「東
方敘事詩」，如《異教徒》（1813）、《海盜》
（1814）等，都著力塑造富於叛逆精神、與世
俗相抗衡的「拜倫式的英雄」的形象，風靡一
時。他的代表作《唐‧璜》更謳歌了冒險和放
蕩。

　　然而想像中的叛逆滿足了小市民的放蕩幻
想，實際上的叛逆行為卻不被他們寬容。1816
年，拜倫新婚的妻子忍受不了他的同性戀行
為，離家出走並提出分居，輿論一時沸沸揚揚。
他被迫移居義大利。在義大利，他參加了燒炭
黨的祕密活動，並創作了七部詩劇：《曼弗雷
德》（1817）、《該隱》（1821）是其中的名篇。
1823年，從希臘傳來反抗土耳其佔領的起義消
息，拜倫熱血沸騰，投筆從戎，毅然參戰，為
希臘軍籌款、購械、調停內部糾紛，1824年4月
19日染病死於希臘軍中。他最後的愛獻給了一
名叫盧卡斯的希臘英俊少年，此人是他雇傭的
侍童，他在最後幾首詩裡曾提及這段戀愛。

現代智慧起源於美國思想家愛默生（1803
～1882）的下列名言：

> 歸根結柢，沒有什麼是終極神聖的，
> 除了你自己心靈的完整。放鬆你自己……
> 好或壞僅僅是隨時可以相互轉換的名稱而
> 已。唯一正確的就是順從你的本性，唯一
> 錯誤的就是違背你的本性。一個人應當讓
> 自己無處不在，沒有了他，一切將有名無
> 實，極其短命。……自然中的一切都是自
> 我依靠的靈魂。

〈自我依靠論〉，《愛默生文集》，第281-311頁

響應這震撼歷史的聲明，一顆「自主」的
靈魂在美國誕生了。他就是浪漫主義文學的最
高峰、現代同性戀美學的奠基人瓦爾特·惠特
曼（Walt Whitman，1819～1892）。在他那標
誌著現代自由詩和現代自由精神之偉大開端的
不朽詩集《草葉集》中，詩人盡情地謳歌了靈
魂的自主、獨立、完整：

裡裡外外，我的一切都是神聖的。

我也聖化了觸著我

或被我所觸的萬物。

這兩個腋窩的芳香遠勝祈禱，

這頭顱比神堂、聖經、一切信條的意義更

多。

……

我溺愛我自己，世上有我存在，

一切甘美如飴。

〈自我之歌〉

　　破天荒第一次，詩人沒有歌唱上帝、神靈、帝王、英雄，甚至也沒有歌唱自身以外的萬物——因為在《草葉集》中萬物不過是「自我靈魂」的擴展和延伸——而是歌唱自己，歌唱自己樸素、平凡、美麗、自主的靈魂。

　　自主的靈魂必然是孤獨的。詩人渴望著另一顆「自主靈魂」的發現，以便把滿腔的愛獻給他。同性戀的偉大詩篇《蘆笛集》誕生了。

　　惠特曼的同性戀詩歌代表了現代同性戀美

學的基本特徵：即超出對同性之間肉欲之歡的
一般期待，達致一個個「自主靈魂」的精神結
合，以在生命之自由漫遊的「大路」上攜手而
行。這就是惠特曼以自由的同性戀「夥伴」關
係，變革、更新奴役性的社會關係和封閉性的
家庭關係的偉大構想：

> 我記得有一次我們如何躺在明澈的夏天的
> 清晨，
> 你如何將你的頭，壓住我的大腿，柔和地
> 在我身上轉動，
> 並撕開我胸前的汗衣，將你的舌頭伸進我
> 裸露著的心，
> 直到你觸到了我的鬍子，直到你握住了我
> 的雙足。

這既是在描寫草葉、大自然與詩人如何親
密無間，也是在描寫性，是一對同性戀人充滿
激情的性行為的隱喻和暗示。

由此我們發現了「草葉」這一基本象徵的
性內涵：如果說花朵是植物的生殖器官，那麼

草葉就是植物的生命器官和排除了生殖目的的性感器官，因為草葉是不開花、不結果的，它是同性戀愛的象徵，更是宇宙間生生不息的青春活力的象徵。

草葉作為同性戀的性象徵和性隱喻在下面的詩句中得到了加強：

> 捲曲的草啊！我願意待你以柔情，
> 你或者是從年輕人的胸脯上生長出來的，
> 假使我知道他們，我會很愛他們……

草葉被想像成青年男子前胸的體毛，同性戀的性幻想寄託其上。惠特曼以女性的視角和興趣注視和愛撫著一群青年男子的裸浴場面：

> 二十八個青年人在海邊洗澡，
> 二十八個青年人一個個都是這樣互相親愛；
> ……
> 青年們的鬍子因浸水而閃光，水珠從他們的長髮上流下來，流遍了他們全身。

一隻不可見的手也撫摸遍了他們的全身，
它微顫著從額角從肋骨向下撫摸著。
青年們仰面浮著，他們雪白的肚子隆起向
著太陽，他們並沒有想到誰緊抓住他們，
他們並不知道有誰俯身向著他們在微微地
喘息，
他們沒有想到他們用飛濺的水花澆濕了
誰。

如果說同性戀是嬰兒期自戀在成年時的延
續，那麼〈自己之歌〉正是這種自我愛戀的狂
歌。它是人類古老的自我生殖器崇拜和自我生
殖器愛撫的詩意表達方式：

你是堅固的男性的犁頭！
凡有助於我耕種栽培的，一切全賴於你！
你是我豐富的血液！你那乳色的流質，是
我生命的白色的液漿！
你是那緊壓在別人胸脯上的胸脯！
我的腦子，那應當是你奧祕的迴旋處！
你是那洗滌過的白菖蒲的根芽，膽怯的水

鶹，守衛著雙生鳥卵的小巢！

你是那鬚髮肌肉混合扭結在一處的乾草！

你是那楓樹的滴流著的液汁，成長著的麥
桿！

你是那慷慨的太陽！

你是那使我的臉頰時明時暗的蒸汽！

你是那辛勞的溪流和露水！

你是那用柔軟的下體撫摸著我的和風！

你是那寬闊的原野，活著的橡樹的樹枝，
我的曲折小道上的遊蕩者！

你是一切我所握過的手，我所吻過的臉，
我所接觸到的生物！

　　惠特曼從身體的每個性感區域出發，以幻
想移情的方式，將整個宇宙描繪為相互愛戀的
整體。最高境界的同性戀是透過同性間肉體和
精神的結合，實現自然和生命、個體與世界、
歷史與當下瞬間的徹底融合與互滲，以身心去
體驗終極之美和詩一般的宇宙和諧。

　　《蘆笛集》是近代同性戀文學的瑰寶。詩

人以無比的深摯和柔情訴說著同性夥伴間的祕密的相愛：

> ……
>
> 但卻可能和你在一座高山上，首先注視周圍幾英里以內，有沒有人突然走來，
> 或者可能和你航行在海上，或在海邊，或某個寂靜的島上，
> 這裡我允許你將你的嘴放在我的唇上，
> 親著夥伴的或新郎的熱烈的親吻，
> 因爲我便是新郎，我便是夥伴。
> 或者如果你願意，將我藏入你的衣衫下面吧，
> 那裡我可以感覺到你的心臟的劇動或者靠在你的腿上休息，
> 當你在海上或陸上走過時，帶著我前進，
> 因爲只要這樣親近你，就足夠了，就最好了，
> 這樣親近你，我就會安靜地熟睡，並永遠被携帶著。……

〈無論誰現在握著我的手〉

一代詩人之王惠特曼，與英國文學中之最
偉大者莎士比亞一樣，堅信同性愛是最適合自
己的生命理想：

> 傍晚時我聽見我的名字在國會中如何地受
> 到讚美，但對於我，隨著來的並不是一個
> 快樂的夜，
> 或者當我豪飲，或者當我的計畫成功時，
> 我仍然感覺不到快樂，
> 可是那一天，當天曉時，我非常健康地從
> 床上起來，精神煥發，歌唱著，呼吸著秋
> 天的成熟的氣息，
> 當我看到西方的圓月發白，並在新曉的曙
> 光中消失，
> 當我獨自一人在海濱徘徊，赤裸著身體，
> 和清涼海水一同歡笑，看著太陽升起，
> 並且當我想著我的好友，我的情人，如何
> 正在路上走來，
> 噢！這時我是快樂的，

噢！這時，每吸一口氣覺得更甜美，那整
天的飲食對我更加滋養，美麗的白天也安
適地過去，

第二天也帶來了同樣的快樂，第三天晚
間，我的朋友就真的來了，

而在那一夜，當萬籟俱寂的時候，我聽著
海水幽緩地、不停地捲到海岸上，

我聽著海水與砂礫沙沙的聲音，好像對我
低語表示祝賀，

因為我最愛的人，在涼夜中，在同一個被
單下，睡在我的身邊，

在秋夜寂靜的月光中，他的臉對著我，

他的手臂輕輕的摟著我，

──那夜我是快樂的。

〈傍晚時我聽見〉

在惠特曼的詩篇中，同性戀的人為罪孽感
已全然消失，代之而起的是同性間愛情的無比
純潔與完美。同時，同性戀的文化意義和美學
意義還在於：蔑視既成秩序，追求一種充滿激

情的生命存在形式：

　　我們兩個小伙子廝纏在一起，

　　彼此從來不分離，

　　在馬路上走來走去，

　　從南到北旅遊不息，

　　精力充沛，揮著臂膀，抓著手指，

　　有恃無恐地吃著，喝著，睡覺，相愛，

　　隨意航行，當兵，偷竊，恫嚇，

　　好像法律就是我們自己，

　　警告那些守財奴、卑鄙者、牧師，呼吸空

　　氣，飲水，跳舞，在海濱草地，

　　搶掠城市，蔑視安寧，嘲弄雕像，追趕懦

　　弱者，實現我們的襲擊。

　　　　　　〈我們兩個小伙子廝纏在一起〉

　　詩人自豪地為自己和自己所屬的同性戀群
體貼上「神性的標記」，認為這種同性關係超越
了一般社會關係的庸俗性質，放射出與神相交
時的激情光輝：

在男男女女間，在衆人之中，

我感覺有人憑祕密和神性的標記認出了
我，

他不認任何別的人，不認父母、妻子、丈
夫、兄弟，或任何比我更親近的人，

有些人失敗了，可是那一個沒有──那個
認出我的人。

呃，相愛者和完全平等者，

我的意思是你應當這樣從隱約迂迴處來發
現我，

而我在遇到你時也要憑你身上同樣的東西
把你找著。

<在衆人之中>

（以上均見《草葉集》，人民文學出版社，

1987年版，北京）

　　惠特曼的同性戀詩歌衝破了西方自中世紀
以來長達一千餘年的同性戀禁忌，爲同性戀在
現代的合法化和同性戀美學的最終確立，開闢
了廣闊的道路，對後世產生了極大的影響。惠

特曼教會我們坦然的看待世界，賦予自然力
量、尤其是它的性能量（無論指向同性或異性）
以最高的道德依據和美。在他的眼中，人的一
切都是純潔的、強有力的、生機勃勃的、美的，
人的同性欲望也是如此。

　　惠特曼是現代同性戀文學、美學、哲學的
奠基人、拓荒者、偉大的導師。透過《草葉集》
這部現代人類肉體解放和心靈自由的聖經，他
將同性戀的主題擴展提昇爲哲學命題，呼籲人
們在性自由的基礎上去建築一個身心俱美的人
間天堂，去體現生氣灌注、無所不宜的宇宙和
諧。

　　惠特曼爲現代同性戀美學奠定了最基本的
原則：同性戀者的靈魂自主、同性戀文化的道
德完整、道德獨立和道德尊嚴、在同性戀者之
間建立眞誠友愛的夥伴關係、同性戀文化所負
有的解放歷史和人性的偉大使命、同性戀生活
方式所追求的「參與宇宙和諧」的美學境界
……。

　　由此可見，與中國同性戀美學的溫情性和

詩意性不同，西方同性戀美學富於超越性，即
溢出同性戀愛的性行為和情感領域，對同性戀
者的歷史命運進行哲學思考，進而提出全面更
新人類社會的基本秩序和生活方式的政治、社
會、文化主張，使同性戀問題成為人類爭取最
後自由與解放的樞紐和關鍵。這一特點使西方
同性戀美學給人以更廣泛、更深邃的文化啓
迪，獲得了更高邁的哲學境界。

第三章
熱愛生命
——現代同性戀文藝復興

　　1835年，一位膽大包天、存心驚世駭俗的法國詩人泰奧菲爾・葛蒂耶（Theophile Gautier，1811～1872）出版了一部小說《莫班小姐》，他在小說前面加了一篇獨具匠心的前言。在這個前言中，葛蒂耶宣布：「美的價值僅僅在於美本身！」它向數千年把美作為真理、道德的附庸和工具的傳統觀念挑戰，開啓了劃分浪漫主義和現代主義、近代文學和現代文學的唯美主義運動。葛蒂耶為這場新的精神主義運動和文學藝術運動擬定的口號是：「為藝術而藝術！」饒有趣味的是，在《莫班小姐》這個第一部唯美主義作品中，詩人描寫了一個

年輕姑娘男扮女裝的故事，並且在這個性曖昧
角色的雙重身分上大作文章，許多性誤會中包
含了濃重的同性戀色彩。

　　幾乎與此同時，瑞士作家霍斯利就一起因
同性戀而引發的情殺案出版了《戀愛之神》
（1836）一書，這是現代第一部正面探討同性
戀問題的專著。在上一世紀的四、五○年代，
一些醫學家開始研究同性戀現象。1852年，德
國著名法醫學專家卡斯帕提出同性戀是「涉及
道德的陰陽同體現象」一說。1869年，本克特
正式提出「同性愛」這一名稱。1886年，克拉
夫特─埃賓在《性心理疾病》一書中，將同性
戀排斥在「性犯罪」之外，這一年被認為是性
學創建之年。1864～1879年，烏爾里克斯出版
了十二卷同性戀專論，正式將同性戀者稱為「第
三性別」。現代性學的創建和發展正在逐步匡
正人們對同性戀者的歧視心理。

　　而此時此際，正是資本主義商品經濟迅猛
發展，將毫無實用價值的詩人藝術家毫不留情
地拋棄的時代，這時的詩人和藝術家，要麼卑

躬屈膝地向資產者的鄙俗趣味妥協獻媚，要麼以憤世嫉俗的態度一舉解脫掉自己對社會的義務，因為這個社會已不再需要高雅真摯的藝術了。詩歌由社會事務一變而為私人事務。秉有真情的藝術家只有兩條生存之路：小有資產的，看破紅塵、徹底隱居，獨善其身；一無所有的，則放浪形骸、自我麻醉。「波希米亞」式的流浪藝術家辛酸地以自己「窮困的自由」相標榜，在他們驚世駭俗的生活方式中，大膽的追求同性愛情，是重要的組成部分。

一、唯美主義：同性戀詩學

　　唯美主義是啟發現代同性戀美學誕生的重要文藝思潮。這種思潮主張「為藝術而藝術」，強調超然於生活的所謂純粹的美，顛覆藝術和社會生活的關係，追求藝術技巧和形式美。唯美主義的興起是對資本主義工業社會的功利哲學、市儈習氣和庸欲作風的反抗，它受十八世

紀康德美學的影響。康德把美區分爲自由美和
附庸美，強調審美活動的獨立性和無利害感，
並力圖調和審美標準與道德、功利以及愉快之
間的矛盾。康德的美學思想曾在德國的歌德、
席勒，英國的柯立芝、佩特等人的作品中得到
闡發。王爾德認爲，不是藝術反映生活，而是
生活模仿藝術。現實社會是醜惡的，只有「美」
才有永恆的價值。藝術家不應帶有功利主義的
目的，也不應受道德的約束；藝術家的個性不
應受到壓抑。唯美主義的繪畫發展了一種優雅
的形式美，提倡培養精細的藝術敏感性。這對
二十世紀的工業美術產生了決定性的影響。唯
美主義在藝術上開拓了新的審美領域，例如從
怪誕、頹廢、醜惡、乖戾等現象中提取美，從
而擴大了藝術表現的範圍和能力。

　　1857 年，夏爾·波特萊爾（Charles
Baudelaire，1821～1867）的《惡之花》出版，
唯美主義獲得一個新的名稱：「頹廢主義」；並
且現代同性戀詩歌繼1855年惠特曼《草葉集》
中對男同性戀的吟咏之後，又增添了女同性戀

的描寫：

　　在無力的洋燈淡淡光芒的照映下
　　靠著沾滿一片香氣的深厚的軟墊
　　伊波列特夢想著強力的撫愛的手
　　給她拉開她那青春的純真的帷幔。
　　她張著給暴風吹颭得迷亂的眼睛
　　探尋她那已經遠隔的天真的雲天
　　就像一個行人又轉過他的頭來
　　回顧他在早晨經過的藍色地平線。……
　　德爾菲娜投出熱情的眼光望著她
　　安靜而充滿喜悅，躺臥在她足下
　　就像是一匹猛獸，先使用它的牙齒
　　將獵物猛咬一下，然後再監視著它。……
　　伊波列特，我親愛的人，你覺得怎樣？
　　你把你初開的薔薇、神聖的供品
　　獻給徒然會使它枯萎凋零的狂風
　　實在是沒有必要，現在你是否相信？
　　我吻你吻得很輕，彷彿在黃昏時分
　　在澄清的湖水上輕輕掠過的蜉蝣

而你情夫吻你，卻重得彷彿貨車

或是鋒利的犁鏵，壓出車轍或畦溝；……

難道我們曾有過什麼異樣的行動？

你能夠、就請解釋我為何膽戰心驚：

聽到你喚我「天使」！我就害怕得發抖，

卻又覺得我嘴唇貼近了你的嘴唇。

不要這樣盯住我，你是我想念的人！

我永遠喜愛的人，我所選中的妹子

即使你是個給我預選布置的陷阱，

即使你是引導我趨向滅亡的開始！

德爾菲娜，抖亂她悲劇似的長髮

像站在鐵製三角台上踩腳的巫女

露出兇狠的眼光，語氣專橫地回道：

「誰竟敢當著愛情的面談論地獄？」……

但願我們的帷幕使我們與世隔絕

但願倦人的疲勞給我們帶來安靜！

我要在你深沉的乳房裡面毀滅，

在你的酥胸上面感到墓石的冰冷！……

　　　　《被詛咒的女人（德爾菲娜和伊波列特）》

像躺在沙灘上面耽於沉思的牲口

她們把目光轉向遙遠的大海那邊

緊勾在一起的腳，接觸在一起的手

感到酸辛的戰慄，感到甘美的厭倦。……

啊！處女、惡魔、怪物，

你們這些殉道者

具有輕視現實的偉大精神的女人

探求無限的女人，信女們，色情狂者

時而喊叫，時而哭泣流淚的女人，

我的靈魂隨你們入地獄

可憐的姐妹，我愛你們，又可憐你們

爲了你們難癒的焦渴，陰鬱的痛苦

你們寬大的心中裝滿愛情之甕！

　　　　　　　　《被詛咒的女人》

累斯博斯，那兒，美人們互相吸引

那兒，從沒有得不到響應的嘆氣

星辰像對待帕福斯島一樣對你崇敬

維納斯完全可以對薩福心懷妒忌！

累斯博斯，那兒，美人們互相吸引

> 累斯博斯，夜晚暖熱而倦人的地方，
> 它使眼睛深陷的少女們對著鏡子
> 戀慕自己的肉體，徒然孤芳自賞！
> 撫愛自己已達婚齡的成熟的果實
> 累斯博斯，夜晚暖熱而倦人的地方……
> 　　　　　　　　　　　　《累斯博斯》

　　波特萊爾對女同性戀者之間火熱愛情的描寫，充滿了濃厚的肉欲色彩和大膽的叛逆精神，是現代同性戀主義的先聲。

　　同性戀美學的黎明不可遏止地來臨：1870年，十六歲的少年詩人阿瑟・藍波（Arthur Rimbaud,1854～1891）與年長他十歲的詩人保爾・魏爾侖（Paul Verlaine，1844～1896）公開同居，兩人合力開創了現代詩歌的嶄新時代──象徵主義時代。

　　兩位詩人還先後參加了「人類歷史上的第一次無產階級革命」──巴黎公社的起義。魏爾侖是公社社員，主管公社的文藝事務。起義失敗後，藍波寫有〈巴黎的狂歡〉、〈讓娜・瑪

麗的手〉、〈巴黎戰歌〉、〈巴黎市民又多起來〉
等詩篇，魏爾侖則寫有組詩〈戰敗者〉，謳歌巴
黎公社。

　　為躲避當局迫害，魏爾侖偕藍波流亡到英
國和比利時，因生活無著、前途黯淡，兩人發
生爭執，魏爾侖開槍打傷藍波，被比利時司法
當局判處兩年徒刑。出獄後，魏爾侖將流浪期
間寫成的詩歌結集出版，名為《無題浪漫曲》
（1874），標誌著他創作的高峰。在這部詩集
中，詩人把對藍波之少年英姿的無限愛慕和焦
急的欲望，化為婉約的情思，將同性同居生活
的全部苦樂溶為一片輕靈婉麗的音樂。1890
年，魏爾侖又出版了更大膽的暴露同性欲望的
詩集《肉》，他那死不改悔的反流俗態度和日益
精湛的詩歌技藝，使他被推為一代詩壇魁首。

　　藍波是人類詩歌史上極具代表性的神童和
美少年。他十五歲即能賦詩，十六歲離家出走，
從此浪跡天涯，在與魏爾侖的情變事件後，於
1873年寫成第一部象徵主義詩集《地獄中的一
季》，記載了同性戀人間的恩恩怨怨。1876年，

這位生性喜歡冒險的青年，將靈光四射的詩集
《彩繪集》、《靈光集》擲之腦後，參加荷蘭殖
民主義武裝「外籍聯隊」遠征爪哇，後又到非
洲阿比西尼亞販運軍火，1891年因病回國，不
久死於馬賽，年僅三十七歲。在他生命的後十
五年裡，這個令人迷戀的浪子全然不知自己的
詩歌在法國乃至全歐洲受到的推崇和讚美（編
按：魏爾侖與藍波兩位詩人的同性戀愛故事，
曾拍成電影「全蝕狂愛」，曾在台灣上映）。

　　藍波像閃電一般劃過十九世紀末葉的文學
星空，照亮了現代詩對現存制度、現實陳腐價
值的激烈反叛。藍波自稱「通靈者」，他以無比
的熱情與勇氣，自行投入無秩序的錯綜中，企
圖摧毀一切人為的藩籬，直鑽入最深的神祕。
從藍波開始，一個詩人由遊離於時代之外一變
而為激烈地反抗他所生活的整個時代。

　　藍波的詩第一次打亂了語言的邏輯結構和
邏輯關係，以詩的靈性放射出一個隱喻的世
界，這是個連他自己都辨認不清的陌生世界：

這是明澈如光的憩息，是草坪上的安眠。

大氣和世界，絕非尋求可致。生命。

夏日的炎熱付與暗啞的飛鳥，憑藉死去的愛情和芳香下沉的悲悼的小舟，這是無價之寶。

在大路高處，在月桂樹林邊，我抓住她的層層面妙，把她緊緊裹住，我略略感到她身體碩大。黎明和孩子一起跌倒在樹林下。

用散文語言詮釋這樣的詩行幾乎是不可能的。它的內容和意義就在於它的奇特的構成方式之中：華麗的、光彩照人的語言與意象的堆積。縹緲神祕的氛圍，隨心所欲的節奏和青春般跳盪的旋律，以及詩行偶然洩露、只供猜測的暗示與聯想：生命的美和它令人心碎的消逝、少年欲望凝結成的既模糊不清又強烈可感的神祕形象，人心中不可名狀或難以啓齒的衝動與憂鬱情調，美輪美奐的畫面感、微妙的光線變化給人的感官與心靈的撫慰……。

　　藍波的詩歌作品是現代同性戀文學中的瑰寶。

　　英國唯美主義文學的早期代表人物是詩人史文朋（A. C. Swinburne,1837～1909），他的1866年出版的詩集《詩歌與謠曲》，因為大膽地描寫了性行為和人的性欲望而引起英國公衆的震怒，他被批評界譏為「肉感詩人」。然而大學生們對他推崇備至，他們在大學操場上遊行，引吭高歌詩人的名句：

　　　儘管我傷害了你，你能傷害我嗎，
　　　甜蜜的雙唇？
　　　人們觸到它們，瞬間煥然一新，
　　　把睡蓮和陳腐的德行
　　　換成玫瑰和罪孽的欣喜忘形！
　　　轉引自威廉・岡特，《美的歷險》，第53頁
　　　　　　　　　（中國文聯出版公司，1987年，北京）

　　史文朋曾以巴黎羅浮宮中一座陰陽一體的雕塑為題材，寫下過優美的同性愛詩篇。史文朋的同性情人是才華橫溢的年輕畫家西蒙・所

羅門（1841～1905），二人在私邸全裸相戲，令
造訪的羅賽蒂大吃一驚。他們「離經叛道」的
生活方式與當時英國維多利亞王朝拘謹而僞善
的道德禁令之間不可避免地發生衝突。這對情
人密切關注著1870年轟動一時的「女王對布爾
頓等人的訴訟案」，被告布爾頓因對一個同性
男青年的戀情而被判刑。英國司法對同性戀者
的嚴厲迫害終於使所羅門，這位被稱爲「繪畫
界的雪萊」的年輕畫家於1873年被捕入獄，斷
送了一個大有希望的藝術天才。

　　佩特（Walter　Horatio　Pater，1839～
1894)是英國唯美主義的主要理論家。他在1873
年出版的《文藝復興：藝術和詩的研究》中系
統地提出了「爲藝術而藝術」的唯美主義詩學
主張。該書末尾的名句「讓寶石般的強烈火焰
一直燃燒才是人生的成功」是同性戀美學的名
言。

　　佩特的同性戀者身分在他1885年出版的小
說《享樂主義者馬里烏斯》和死後出版的自傳
小說《加斯東・德・拉杜爾》中暴露出來。這

些作品隱晦地表現了作家在同性愛的欲望和當時社會對同性戀的禁令及迫害之間的心理衝突。維多利亞王朝的同性戀禁令和當時社會對同性戀的迷戀之間不可調合的矛盾終於釀成1895年轟動國際間的「王爾德醜聞案」。

　　奧斯卡・王爾德（Oscar Wilde，1854～1900）是晚期英國唯美主義的代表作家。1854年10月16日他生於愛爾蘭的都柏林。父親威廉・王爾德爵士是著名的醫生、愛爾蘭科學院主席；母親珍妮・弗朗西斯卡是愛爾蘭民族主義女詩人，筆名斯佩蘭薩。王爾德於1871～1874年在都柏林的三一學院求學，隨導師瑪哈菲爵士遊覽了希臘；1874～1878年在牛津大學麥格達倫學院求學，受到唯美主義思想的薰陶。以後又遊歷法國，進一步接受世紀末「頹廢主義」潮流的影響。1882年，王爾德到美國演講，大受歡迎，並且專程拜訪了現代同性戀文化之父惠特曼。

　　王爾德的詩歌、小說、戲劇、文藝理論、童話故事都取得了很高的成就。他的早期作品

是詩歌和童話。童話故事集《快樂王子》（1888）表現了生動的想像力和語言的詩意美，成為兒童文學的名篇。中國著名作家巴金將之譯為中文，受到中國幾代讀者的喜愛。

他的文藝理論著作《英國的文藝復興》（1882）、《謊言的衰朽》（1889）、《社會主義下人的靈魂》（1891）以精妙透徹的語言，深刻獨到的分析，廓清了文藝理論的許多重大問題，對二十世紀的詩學產生了廣泛的影響。

1891年出版的長篇小說《道連‧葛雷的畫像》和1893年寫成的獨幕劇《莎樂美》是他最具代表性的作品。作品深刻而神祕的描寫了變態激情造成的惡果，充滿了同性愛的暗示。在長篇小說《道連‧葛雷的畫像》中，年輕的道連‧葛雷請畫家霍爾伍德給自己畫了一張肖像。他深愛這張肖像，希望自己永遠像肖像上那樣年輕貌美。他果然始終保持年輕時的美貌，但是他的肖像卻逐漸發生了變化。當道連造成愛戀他的女演員自殺時，肖像嘴角上露出了一絲殘忍；當他為了忘掉她而去尋找新歡

時，肖像的臉上出現了欲望。道連不樂意再讓別人看到變得蒼老和兇狠的肖像，企圖毀壞它，用匕首去刺它的胸部，但刺中的卻是自己的心臟。僕人們聞聲趕來，發現肖像還是那樣年輕英俊，地上卻躺著一個憔悴、衰老的人。

王爾德在《道連‧葛雷的畫像》一書的序言中頗為系統地表達了他的為藝術而藝術的美學觀點。他認為「藝術家是美麗事物的創造者」，所有的藝術都毫無用處，文學作品也無所謂道德或不道德，只有寫的好與壞之分。他反對藝術家的傾向性，甚至認為「藝術家的倫理同情心是一種不能原諒的習氣」。這種唯美主義的觀點是針對「為金錢而藝術」的觀點提出來的，它強調藝術的純粹，認為思想和語言均為藝術的工具，善與惡都是藝術家的材料。他追求形式、結構上的新奇，作品多以嚴謹、機智、巧妙取勝。

獨幕劇《莎樂美》（1893），根據《聖經‧新約全書》馬太福音第十四章施洗者約翰之死的故事，描寫希律迪亞斯之女、猶太的公主莎

樂美如何誘使繼父希律王殺死了施洗者約翰。
劇中的莎樂美向約翰求愛而遭拒絕，發誓要吻
到他的嘴唇，最後吻到的是約翰被砍下的頭。
這裡王爾德描寫的是一種變態的激情所造成的
後果。劇本譯成英文後，遭到禁演，後來由於
理查・史特勞斯將它改編爲小歌劇才得以流
傳。

　　王爾德是十九世紀末葉英國社會公衆注意
的中心。他那放言無忌的談吐、放蕩無羈的生
活方式、咄咄逼人的才氣、尤其是他對世俗準
則的無情嘲笑和公開鞭撻，大大激怒了保守的
英國社會。而王爾德的同性戀則給了他們報復
的藉口。1894年的一個星期天的午夜，倫敦警
方突然搜查了費茨羅依大街的一所住宅，當場
拘捕了正在進行同性賣淫活動的十八名男子，
其中就有王爾德。警察總長對王爾德說：「他
們（指男妓）當中大多數人都認識你。」由於
證據不足，這些人被釋放了。但王爾德的名字
被記錄在警方案卷檔中。

　　1895年，王爾德與牛津大學阿爾弗雷德・

道格拉斯的同性戀愛，引起道格拉斯的父親昆斯伯里侯爵的強烈不滿，於是，侯爵帶著另一個人作見證人，來到泰德大街王爾德的家裡。這次造訪的情況有股很濃厚的輕歌劇味道：侯爵指責王爾德的作品把劇場搞得亂七八糟，還威脅說要當眾揍他一頓鞭子。王爾德帶著鄙夷的目光，上下打量著這位「尖聲叫嚷，臉色氣得發紫的侯爵」，然後打鈴叫來了僕人，吩咐說：「你看見這個人了，他是昆斯伯里侯爵。他是倫敦最不要臉的畜牲，以後永遠不准他再進這個門。」

昆斯伯里侯爵不肯善罷甘休，執意尋釁滋事。王爾德的戲劇《認真的重要》首次公演的那天晚上，昆斯伯里帶了一籃子蔬菜來到劇場，準備向劇作者投擲過去，並且讓阿爾勃瑪爾俱樂部的門房給王爾德送來一張條子，上邊寫道：「送給擺出雞姦犯架勢的奧斯卡・王爾德」。

1895年3月2日，王爾德起訴昆斯伯里侯爵「誹謗」。在審理過程中，被告的律師援引王爾

德的作品，證明原告的思想和言論「一向是不道德的」，倫敦警方則出示了王爾德與一些男妓進行同性戀活動的「證據」。結果王爾德以雞姦罪被判入獄服兩年苦役。一時間，英國的同性戀者如驚弓之鳥，紛紛逃往國外，史學家稱

「英法之間的加萊海峽輪渡上擠滿了這類人，上議院人去樓空……」（泰德・摩根，《毛姆傳》，第二章）

　　在等待審判、保釋在外的兩個月裡，王爾德的朋友們幾次建議他逃出國外，美國作家弗蘭克・哈里斯在泰晤士河下游為他準備了升火待發的小汽艇，兩個小時就能把他送到法國……但王爾德拒絕了。他要在十九世紀這齣最大的悲劇中堅持到底，直演到謝幕。出獄以後，受盡摧殘的詩人只活了三年，在寫下了催人淚下的傑作《里丁監獄之歌》、《從深淵》之後，便含恨而死。1900年，在臨終之時，他秉性不改地說：「我真是喜出望外啦！」他的遺言同時也是預言：「如果我活著進入二十世紀，英國人就難以堪當了。」

　　王爾德案是英國十九世紀最轟動的案件。
對岸的法國人質問道：「你們（英國人）就是
這樣對待你們的詩人嗎 ?!」僅僅因為一個作家
的性取向便將他送入監獄，這是英國司法史和
文學史上最恥辱、最難堪的一頁。直到1974年，
英國立法才使同性戀合法化，並且宣布王爾德
案是錯判。而詩人卻為此蒙受了七十餘年的不
白之冤。

　　王爾德是現代同性戀文化運動的偉大先驅
和偉大殉道者。他的殉道換來的是現代同性戀
美學的覺醒。

　　1897年，安德烈・紀德（Andre Gide，1869
～1951）出版了他的早期代表作《地糧》。作品
在問世後的十五年裡並未引起世人的注意，一
直到第一次世界大戰結束時，灰心喪氣的一代
青年突然發現了它，對它表現出異乎尋常的喜
愛。這部作品一版再版，風行數十年，成為幾
代青年的枕邊書。

　　《地糧》是世紀之交明確地歌頌同性戀的
少數散文作品之一。紀德以典雅優美的筆觸，

刻畫了一代青年在重重先入為主的觀念和道德禁令的束縛下，感性生命的甦醒過程。在第一卷開篇題記中，作者引用波斯詩人哈菲茲的詩句：「我長久昏睡的幸福甦醒了！」這實際上是作者向陷於苦悶中難以自拔的世紀末青年引入東方享樂主義人生觀。作者自身的經歷印證了這一點。1893年，紀德前往北非旅行，他與當地的一個男孩在北非的沙漠裡發生了性關係，長久積鬱的性苦悶一掃而光，他感到身心都獲得了解放，遂在一種歡樂的徹悟氣氛裡寫出了傳世名作《地糧》：

　　　　一位少年尾隨著我，來到這被圍牆環抱的花園裡。他攀援在輕擦著扶梯的樹枝上，扶梯通向沿著花園的涼台。人像是無法進去似的。

　　　　呵！在樹蔭下我撫摸著多麼嬌嫩的小臉蛋！蔭影永遠無法全部遮住你臉上的光彩。你額上環形鬈髮似乎顯得更鬱黑。

　　　　我要走下花園，懸身在長春藤的樹枝

上，在這比鳥籠更充滿歌聲的小樹叢下，柔情繾綣，我激動得嗚咽著——直到暮色將盡，夜幕降臨，暮色爲泉水鍍上金色，隨後又加深它的神祕感，水色漸漸變深。

　　而在樹枝下，纖弱的身體互相依偎著，我用一纖細的手指撫摸著他那珠光色的皮膚；

　　我看見他那嬌嫩的小腳，

　　無聲地踩在沙土上。

　　　　　　　　　　《地糧》，第35～36頁

　　獲得這筆財產後，我首先租了一隻船，帶了三位朋友，幾個船員和四個水手一道出海，我愛上其中一位最不美的男子。儘管他溫柔地撫摸我，但我卻更喜歡觀賞浪潮的澎湃。……

　　　　　　　　　　　　《地糧》，第49頁

　　他在這裡，靠著我，我從他的心跳感到這是一個活人。這小小身軀的體溫燙熱了我。他靠著我的肩膀入睡了，我聽見他

呼吸聲。他呼出溫暖的氣息使我難受，但
我不敢動，怕鬧醒了他。他那嬌小的頭在
馬車的顛簸中不停地晃動，車中我們緊緊
地擠壓在一起；其他人也睡著了，消盡這
餘夜。

　　當然；我體驗過愛、愛情以及許多別
的，但對那時的溫情，我怎能默默無言呢？

　　當然，我體驗過愛。

　　　　　　　　　　　　　《地糧》，第68頁

　　在後來出版的自傳性作品《如果麥子不
死》、同性戀小說《科立東》中，紀德大膽直率
地描寫了自己的同性戀生活和這種生活帶來的
對感官生命的詩一般的覺醒，紀德將這種覺醒
上昇爲盡情享受感官歡樂、放下一切道德重負
的、明澈的生命哲學：

　　　　旅社座落在城郊的沙土地帶。在這裡
　　看到那些橄欖樹，眞是令人傷心，在附近
　　別的地區，它們是那樣漂亮，在這裡卻半
　　埋在沙堆裡；稍微再遠一些，你會吃驚的

看到一條小溪──稀少的一點水流，從沙地裡流出來，在到達海洋之前，反映了一小塊天空。一群黑女蹲在新鮮的水邊洗濯衣服──這是保羅選擇支起他的畫架的地方。我已經答應在這裡與他見面，但阿里（我那個小嚮導的名字）帶我走過許多沙丘，儘管我走在沙地上感到疲倦，卻還是跟著他；不久我們就走到類似噴火口的地方，它的邊緣高的可以讓我們看到四圍的郊野，而預先見到有誰走過去。當我們一到了那裡，阿里就把外套和毯子鋪在斜坡上；並且自己仰躺在上面，然後把手臂向兩邊張得開開的，看著我，笑了起來，我當然不至於傻到不懂他的邀請；但我沒有立刻回應。我坐了下來，離他不遠，但也不太近，然後定定的看著他，並且等待，極端好奇的想知道下一步他怎麼做。

我等著！到了今天，我驚奇於我那時的堅毅……但是，使我如此的只是由於好奇心嗎？我不能確定。我們的行為之最為

祕密的動機———我是說那最有決定性的
———往往逃出我們的認知；而這不僅只是
在回憶中，即使當時它們發生的時候亦是
如此。我是否還在被稱之爲罪惡的事物之
門檻前猶豫呢？不是；設若我的冒險是以
我道德的勝利爲結局，我將無法忍受
———我早已厭惡和鄙視道德。不是；眞正
是好奇心在使我等待……我看他的笑容逐
漸凋謝，他的嘴唇重新合起來，遮住他白
白的牙齒，一種喪氣和失敗的陰雲罩住他
美好的臉龐。

　　「那麼，再見，」他說。

　　但我抓住他伸出的手，把他推倒在地
上。這時他又笑了。許多繩結打在一起當
做他的腰帶的那個東西，並沒有使他不耐
煩多久；他從口袋裡拿出一支小匕首，把
它一割兩斷。他的袍子落下來，他把外套
拋掉，這樣他就如一個神般的赤裸了。然
後，他把細細的胳膊向天空舉起片刻，再
笑著落在我身上。他的身體儘管在燃燒，

但是我的手摸起來卻覺得冰涼而清新。沙是何等美！在那可愛華麗的黃昏下，我的歡樂散發著何等的光芒……。

《如果麥子不死》，第261～262頁

同性情欲的解放換來的是對世界、對自身生命的詩性感覺的復活。同性戀美學從本質上來說是一種唯美主義的美學，它認為，滿足和發揮人的生命情欲是最高的善，判斷事物價值的唯一標準就是看該事物是否發展了人的生命的美，因為正是這種美才是可理解的宇宙目的和生命活力的源泉。

二、暴政的野蠻壓迫和科學的
　　有力支持

現代同性戀科學和美學的發展大大推進了同性戀文化復甦的步伐。1883、1891年，名醫之子、英國著名作家約・阿・西蒙斯先後出版了《希臘倫理學問題》、《近代倫理學問題》，將

同性戀提昇爲獨具倫理道德基礎、觀念和體系
的文化現象來加以研究；1896年，著名社會主
義者愛‧卡彭特出版了《愛的成年》，對同性戀
的生活方式加以讚美。德國猶太醫生赫希費爾
德在同年出版了《薩福和蘇格拉底——怎樣解
釋同性愛》、《德國人關於同性愛的刑事法、當
代人對同性愛問題的態度》等書。1900年，精
神分析學家佛洛伊德出版了《夢的解析》，解開
了許多人的病理情結——同性戀的潛意識。
1905年，更具影響力的《性學三論》問世，佛
氏將同性戀歸結爲「一切動物結構性的雙性戀
現象」。1914年，赫希費爾德的長達一千餘頁的
現代同性戀科學的綱領性著作《同性愛》問世，
將同性戀排除在「心理疾病」之外，同性戀合
乎自然的觀念得以確立。1908年，卡彭特又出
版了《中間性》一書，將同性戀作爲一種「新
的性別」加以提倡。現代同性戀美學獲得了堅
實的現代醫學、性學基礎上的科學依據。

　　1933年，德國法西斯頭目希特勒上台僅三
個月，野蠻的法西斯暴徒就洗劫了赫希費爾德

在柏林創立的世界上第一個性學研究所，大量
研究資料、物品被付之一炬。大批同性戀者被
投入集中營，他們被恥辱性地強迫佩戴粉紅色
三角形的標誌，與猶太人（戴黃星）、共產黨人
和社會主義者（戴紅色三角形）同受慘無人道
的虐待。然而在納粹黨徒內部，同性戀行為卻
祕密進行、難以禁止。羅伊勒的《第三帝國的
興亡》、維斯康堤的電影「納粹狂魔」、西德當
代電影「屠夫」都披露了納粹軍隊中的同性戀
行為。

在這股野蠻迫害的濁流面前，佛洛伊德以
科學家的勇氣，於1935年公開覆信給一位美國
母親，宣稱「同性愛……絕非罪惡，絕非墮落，
也非疾病，用不著為此羞愧。……將同性愛視
為犯罪並加以迫害是極不公正和殘酷的。……」
而在1938～1950年期間，美國科學家金賽對一
萬六千人進行「性調查」，於1948、1953年先後
出版了《人類男性性行為》、《人類女性性行為》
（世稱《金賽研究報告》），使世界性學研究獲
得了最權威、最系統、最全面的數據和訊息來

源。《金賽研究報告》的調查顯示，約半數以上
的成年男性有過同性戀的行為，這些人在精神
和行為模式上沒有任何異常。它以大量實例證
明：同性性行為是哺乳動物中普遍存在的性行
為模式，它「自歷史之初起，就一直是人類性
活動的一個重要組成部分。」，它「是人類擁有
多種能力的一種表現，而這種多樣性正是人類
安身立命之本」。《金賽研究報告》產生了世界
性的廣泛影響，世人對同性戀的認識大為更
新。

　　暴政的野蠻迫害和科學的有力支持之間的
巨大反差，促使人們思考建立在種族、信仰、
生活方式、性別歧視和壓迫基礎上的社會制度
的全部合理性問題。現代同性戀美學從前衛立
場出發，將同性戀這一巨大的社會、心理、文
化現象與批判舊有秩序、創造全新文化的努力
結合起來。

　　D. H. 勞倫斯（David Herbert Lawren-
ce，1885～1930）依其真率的天性，繼惠特曼
之後熱烈鼓吹男性之間「更高級的愛情」。《戀

愛中的女人》(1921)、《阿倫的藜杖》(1922)、
《羽蛇》(1926)、《查泰萊夫人的情人》(1928)
分別從不同側面謳歌了自由奔放的性生活是進
入一個沒有怯懦和恐懼的新世界的唯一途徑。
在這位偉大作家的思想中，男性居主導地位，
是創造力的源泉，男性之間的愛超過了男女之
愛，是建立一個共享的、完美的社會的基礎。
他名言是：「通向未來的橋樑是陰莖！」（韋克
斯，《性，不只是性》，第162頁，光明日報出版
社，1989年，北京）

　　……埋葬了傑羅德之後，厄秀拉隨伯
金回磨坊住了一兩週，他倆眼下心情十分
寂寞。

　　「你想傑羅德了吧？」有一天晚上她
問。

　　「是的。」他說。

　　「難道有我在還算不夠？」她問。

　　「不夠，」他說，「妳對我也算可以了，
但只是女性方面的問津。對我來說妳只是

一身女人氣。可是我還需要男性的友誼，
像妳我一樣相輔相成，永世長在。」

　　「這怎麼講？」她說，「我覺得你對我
就夠了。除了你別人都是多餘的。爲什麼
你和我不一樣？」

　　「有了妳，我這一生就需和別人一刀
兩斷，和別人杜絕了那種有情趣的關係？
話說回來，誰都想追求十全十美，道道地
地的幸福，我也追求和男人有一種長存的
交往關係，這是另一種愛。」他說。

　　「我不相信，」她說，「這是一種固執，
高談闊論，是剛愎和反常！」

　　「算了——」他說。

　　「你沒有勇氣使兩種不同的愛兼存並
蓄，那爲什麼還偏要這樣！」

　　「看起來我似乎無能爲力！」他說。
「然而我嚮往。」

　　「你辦不到，因爲這是謊言，是虛無。」
她說。

　　「我就是不信這一點！」他回答道。

《戀愛中的女人》，結尾

　　勞倫斯是性解放運動的先驅。他和佛洛伊德、馬庫色、赫希、諾曼・布朗、保羅・古德曼的著作直接啓發了本世紀六十年代波瀾壯闊的民權解放運動。

三、同性戀解放：當代民權主義的中堅

　　當代民權主義由黑人及少數族裔平權運動、女權主義、同性戀解放運動三部分組成，其目標是建設一個不因膚色、種族、性別、性取向的自然差異而遭受歧視和奴役的公正合理的社會。

　　美國黑人女作家艾麗斯・多克的小說《紫色》、諾貝爾文學獎得主托妮・莫莉生（Toni Morrison）的《秀拉》描寫了黑人婦女在爭取與白人平等地位的鬥爭中相互依戀的同性愛故事。著名黑人作家詹姆斯・鮑德溫在《喬凡尼

的房間》等小說中大膽直率地描寫了同性戀的
行為，是黑人同性戀文化的代表性作品。

同性戀女權主義可追溯到本世紀二、三〇
年代的前衛派女作家。

活躍於本世紀初至三〇年代英國文壇的
「布盧姆斯伯里集團」的作家大部分是同性戀
者。這個藝術團體因每星期四晚在倫敦大英博
物館附近的布盧姆斯伯里區的克萊夫‧貝爾夫
婦家和維吉尼亞‧吳爾芙家的聚會而得名。著
名小說家愛‧摩‧佛斯特、衣修伍德、傳記名
家李‧斯特雷奇、維吉尼亞‧吳爾芙、凱瑟琳‧
曼斯菲爾德等都有一段同性戀隱情；這個沙龍
的座上客如托‧斯‧艾略特、亨利‧詹姆斯等
也都有明顯的同性戀傾向。同性戀成為他們作
品重要的潛在動機：有的明確加以表現，如衣
修伍德；有的死後才披露，如佛斯特的同性戀
小說《墨利斯的情人》；有的則以改頭換面的方
式加以表現，如維吉尼亞‧吳爾芙的小說《美
麗佳人歐蘭朵》寫一個忽男忽女的兩性人的故
事，至今仍是女權主義批評的重要素材。

　　歐蘭朵寄託了吳爾芙改變自己的性別,從
而能和一名女子相戀的全部幻想。超越性別界
限、跨越性別鴻溝的夢想在女作家的筆端首先
出現,是因為婦女在男性權力和話語中心佔統
治地位的社會中,感受到數千年之久的性格歧
視和性別壓抑,因此女同性戀歷來是挑戰父權
秩序、挑戰異性戀模式的女權主義運動中最有
力、最堅固的組成部分。

　　吳爾芙的女權主義名作《一間自己的房子》
援引英國「湖畔派」詩人柯立芝的名言「偉大
的腦子都是半雄半雌的」,主張對人的超性別
欣賞,並進而為女同性戀的感情辯護。她的同
性情人是女作家莎基薇勒‧韋斯特。

　　格楚特‧斯坦因 (Gertrud Stein,1874～
1946) 是女同性戀的先驅者之一。她出生於賓
西法尼亞州的一個富裕的猶太商人家庭。1893
年,她考入哈佛大學,從師於美國心理學泰斗、
著名哲學家威廉‧詹姆斯門下,頗受賞識。1902
年移居法國,直到病逝。她的前衛派代表作有
《軟鈕扣》(1914)、《美國人的形成》(1925),

以突出的實驗性備受世人矚目。她在巴黎的寓
所是本世紀初前衛藝術家嶄露頭角的地方，海
明威、畢卡索都受過她的提攜。她與自己的女
祕書艾麗斯長期同居，她的著名自傳即託名自
己的同性情人而寫成出版：《艾麗斯·Ｂ·托
克拉斯自傳》(1933)，描寫了兩人休戚與共的
生活，這部自傳的命名向世人表白了兩人已融
爲一體的同性深情。

　　儘管大多數婦女對自己的同性戀行爲諱莫
如深，實際上女同性戀要比男同性戀更爲普遍
和受到寬容。著名的女作家爲了名聲都隱瞞自
己的私生活，曾和一位女模特兒同居多年的女
作家弗朗索瓦絲·沙岡對此閉口不談。沙特的
女友西蒙·德·波娃最怕人說起她和比小她三
十歲的養女西爾維婭的關係，只是私下裡承認
這種關係是她一生中「最強烈的和最重要的友
誼」，而且對她來說，女人比男人更能激起她的
欲望，因此她時時都在極力抵制自身的同性戀
傾向。

　　法蘭西學院1635年創立以來唯一的女院

士、著名作家瑪‧尤瑟納的小說《致命的一擊》，
將俄國十月革命期間波羅的海國家拉脫維亞的
一對兄妹與一名德國青年的感情糾葛寫得迴腸
盪氣、催人淚下，其中心情節——德國青年軍
官埃里克硬是不接受純情少女索菲的愛情、致
使索菲投敵被殺——的眞正動機是：埃里克始
終對戰友—索菲的哥哥貢拉的同性戀愛忠貞不
渝。小說將詩一般的淒迷悵惘的情調與動人心
魄的悲劇性激情結合起來，將一個不可理喩的
世界有力地凸現出來，而同性戀正是這個不可
理喩的世界中唯一可以依靠和信賴的情感力
量。

　　瑪格麗特‧尤瑟納（Marguerite　Your-
cenar，1903～1984）出生於比利時的布魯塞
爾。母親生下她十天後去世。出生後一個月隨
父親返回法國，從此與父親相依爲命。1921年，
處女詩作《幻想的樂園》發表。翌年，詩集《衆
神未死》出版。1929年，其父去世。同年，同
性戀小說《阿萊克西或徒勞的搏鬥》發表，引
起世人矚目。1937年，結識美國婦女格麗絲‧

弗里克，從此成為終身伴侶。1938年，完成小說《致命的一擊》。1940年，到格麗絲任校長的一所美國女子中學任教。1951年《阿德里安回憶錄》發表，獲得巨大成功。此後不斷有作品問世。1979年，終身相伴的同性戀人格麗絲去世。1980年，當選為法蘭西學院院士。1984年逝世。尤瑟納在創作之外，還研究、翻譯了卡瓦菲、托馬斯‧曼、亨利‧詹姆斯、維吉尼亞‧吳爾芙、詹姆斯‧鮑德溫、三島由紀夫等同性戀作家的作品。

同性戀是尤瑟納作品中的一貫主題和必不可少的重要內容。在享譽世界的名著《阿德里安回憶錄》中，尤瑟納將史實與幻想相融合，刻畫了「羅馬五賢君」之一的著名皇帝阿德里安（一譯哈德良）與希臘美少年安提奴斯的純真愛情；在《阿萊克西或徒勞的搏鬥》中，阿萊克西寫信給他的妻子，解釋自己是同性戀者因而離家出走的心路歷程；在《新歐律狄克》中，一個男人在愛他的女人和他所愛的男子之間猶豫不定；《一枚傳經九人的銀幣》則敘述

了一個發生在反法西斯鬥爭中的同性異性三角戀愛；《熔練》則描寫了思想家、科學家澤農被盛行於中世紀修道院的同性戀所誘惑的故事……。

　　法蘭西學院四十位「不朽者」之一的瑪·尤瑟納，不想永遠隱瞞自己是個同性戀者，但是她規定要到二〇三七年才能發表她和她作品的女譯者、曾和她共同生活到去世爲止的格麗絲·弗里克的通信。評論家若西亞納·薩維涅寫道：「如果說男子同性戀使瑪格麗特·尤瑟納爾如此著迷，以至成爲她作品裡的一個幾乎總是出現的主題，這並非是爲了隱瞞她對女人們的愛情，而是表明她夢想成爲一個男人。」

　　在尤瑟納的作品中，同性戀已成爲一種重要的文學手段，她藉此展示人物錯綜複雜的關係、矛盾重重的內心世界、追求自由的肉體衝動，揭示環繞在同性戀者和異性戀者周圍的荒謬現實，思索人類總體的生存模式和生存狀況，並且賦予作品一種飄忽神祕的美。

　　女權主義成爲當代最強有力的文化思潮和

美學思潮。許多女權主義者以女同性戀的生活
方式，向異性戀霸權主義提出挑戰，發起衝擊。

　　1969年美國紐約的同性戀者爲抗議警察經
年累月的無理迫害和騷擾，在「石牆」同性戀
酒吧發動暴動，史稱「石牆起義」，同性戀解放
運動從此在全世界展開。

　　在每年一度的同性戀者大遊行中，同性戀
作家、藝術家、哲學家、科學家的光輝形象被
高高舉起，如獲得諾貝爾文學獎的安德烈・紀
德、大思想家米歇爾・傅柯、意識流小說的先
驅馬塞爾・普魯斯特、結構主義批評家羅蘭・
巴特、著名詩人讓・科克托、阿蘭・金斯堡、
諾貝爾獎得主弗朗索瓦・莫里亞克、著名劇作
家讓・熱內・愛德華・阿爾比……。同性戀美
學成爲民權運動的光輝象徵。

　　當代哲學第一人、奧地利哲學家路德維
希・維根斯坦，作爲同性戀者的一生，是充滿
內心痛苦的一生。不可告人的欲望折磨使他獲
得了驚人的思想和心靈的「內驅力」，他對現存
秩序及其價值觀念的摧毀和顛覆，開啓了當代

哲學、美學、詩學的解放潮流。

　　亨利‧蒙泰朗（1896～1972）是著名的小說家、劇作家，他一生都在尋求滿足自己的同性戀欲望，他成名之後還常在大街上追逐青少年，多次觸犯刑律，全靠他大作家的名聲和法蘭西學院院士的制服才受到寬恕。直到七十四歲那年，他才發表了早在1929年就開始構思的小說《少男們》（1969），揭示了自己是同性戀者的祕密。他認為這本書寫出了他畢生的主題，此後再也無話可說，遂於三年後自殺。

　　另一位著名作家于連‧格林（1900～）也同樣如此。他在五十九歲時發表自傳《青年時代》，訴說了他的痛苦：「祕密地、默默地和自己鬥爭，多麼離奇的生活！殘酷的鬥爭，無休無止，我如果能哭，我會哭得眼睛流血……今天，我可以說出我在二十歲時就已經背負的十字架了。我在內心深處一直拒絕它，我寧願背負另一種不那麼屈辱的十字架，一種能保持我的自尊的十字架，可是沒有……我對此無能為力，難道說成為像我這樣的人是一種罪孽？」

　　評論家安吉羅‧羅納爾迪認為，正是于連‧
格林內心靈肉之間的衝突造就了他的一系列傑
作。羅納爾迪還認為，英國詩人拜倫由於同性
戀和亂倫，其作品才比普通的花花公子、美國
作家司各特‧費滋傑羅（1896～1940）的作品
更豐富深沉。

　　這種說法頗有道理，米歇爾‧傅柯就是一
例。被譽為「本世紀最後大師」的法國思想家
傅柯，雖然早在1984年即已病逝，但他的影響
力不但有增無減，而且漸次滲透到人文科學的
各個領域。傅柯出身於富有的中產階級家庭，
巴黎高等師範哲學系畢業後，繼續攻讀心理學
和精神分析學，博士論文一篇寫康德哲學，另
一篇則以「瘋狂」為主題。很早就發現自己是
同性戀者的傅柯，早年為此深受折磨，他經常
深夜外出，逡巡流連於酒吧或街角，以覓一夜
之緣。但每回狂歡回來之後，他就被罪惡和愧
耻感徹底擊垮，癱倒在地不能自己，往往要電
召校醫來制止他想自殺的強烈衝動。也正是因
為這樣刻骨銘心的掙扎，傅柯把自身與外在體

制的衝突，轉化爲知識的動力，促使他對人類社會中的各種邊緣問題，如同性戀、瘋人院、監獄等，展開考察與思索，以迥異於前人的觀點，開拓出知識的全新視野。從七〇年代末期以後，傅柯逐漸取代沙特的宗師地位，成爲八〇年代法國最重要的思想家。

四、東方同性戀美學的覺醒與　復甦

　　日本文化一般對同性戀採寬容態度。諾貝爾文學獎得主、著名作家川端康成在回憶錄《湯島的回憶》中曾坦言自己對大學同學的同性戀情。

　　三島由紀夫（1925～1970）是日本享有國際盛譽的著名作家。他本名平岡公威。出身官僚家庭。1947年畢業於東京大學法律系，曾入大藏省銀行局供職，後辭職成爲專業作家。他經川端康成推薦，初上文壇即以一部回憶自己青春期同性戀情的小說《烟草》（1947）獲得聲

譽；1949年，同性戀小說《假面的告白》發表，
奠定了他的作家地位。此後，他寫作了一系列
涉及同性戀心理的作品：《禁色》、《祕樂》、
《夜之向日葵》、《豐饒之海》……六〇年代舉
辦《三島由紀夫展》，全面展出自己的作品：
詩、小說、戲劇、電影、劍術……，其中一組
名為「玫瑰刑」的自我全裸攝影，轟動輿論，
引來人山人海的參觀人流。川端康成稱三島由
紀夫為「三百年一見的天才」。他的作品一經問
世，立即成為世界文學中的名篇：《金閣寺》、
《潮騷》、《愛的饑渴》、《過長的春天》、《美德
的蹣跚》、《午後曳航》、《歡宴以後》、《喜悅之
琴》……成名作《假面的告白》將少年「我」
對中學同學的同性戀刻畫得細膩入微，纖毫畢
現。

　　他的作品將東方文學的細膩華美、西方現
代心理主義的大膽直露、日本武士道精神的狂
肆剛烈熔於一爐，形成了淒美哀艷、如火如荼
的「三島美學」風格。在他的作品中，這種獨
特的美學體系建立在作家對生、死這一宇宙根

本問題的詩意感受上：在三島心目中，死亡是使生命放出光輝的美麗瞬間，人在鮮血飛濺的剎那，超越了一己的局限，進入了完美的永恆。他曾沉迷於在舞台和銀幕上親自表演日本武士切腹自盡時的內心激動，認為那是純粹美和純粹日本精神的體現。他的名言是：「刀一旦拔出，非斬人不能收回鞘裡！」而性，尤其是同性之歡，與死亡在本體論上是同一的，即都在一種巔峰之美的狀態下，捨棄自身，向生命的最後完成和輝煌境界推進。在那「欲仙欲死」的極樂瞬間，人生的一切局限都被克服了。這是詩化體驗的最高峰。在這種「出神入化」的體驗中，渴望死的衝動超過了生的本能，死被徹底「情愛化」了：它成為與宇宙本體的重新結合與擁抱。

　　三島在美軍佔領日本時期，曾整夜流連在美軍酒吧，與許多同性戀軍人共譜風流；成名後遠涉歐美、希臘，遍尋「具希臘古典美的男子」作情人；自己身邊總有日本美少年隨侍左右……1970年11月25日，他的總結性作品《豐

饒之海》四部曲中的最後一部《天人五衰》
(1970) 封筆，他認為自己的歷史使命已經完
成，便率領自己組織的「盾會」成員攻入日本
自衛隊營地，鼓吹士兵起義，恢復天皇制，不
應，遂壯烈自殺。三島的一生便是一部完美的
同性愛詩篇。

　　1994年諾貝爾文學獎得主、日本作家大江
健三郎在《我們的時代》、《性的人間》中，將
主人公的同性戀與一個時代的政治意識和民族
意識聯繫起來，增強了性描寫的社會內容和時
代特色，開了亞洲同性戀社會學批判的先河。

　　大江健三郎1935年1月31日出生在日本愛
媛縣大瀨村。1954年考入東京大學文科。1957
年8月，小說《死者的奢侈》發表，成為日本文
學界最受推崇的「芥川文學獎」的候選作品，
川端康成稱讚作者顯示了「異常的才能」。1958
年1月，中篇小說《飼育》發表，獲「芥川獎」。
1959年，有同性戀描寫的《我們的時代》、《我
們的性世界》發表。1963年，另一部涉及同性
戀的小說《性的人間》出版。此後又有一系列

重要作品問世。

　　大江健三郎是關注現實、政治意識極強的
作家。在反映同性戀的作品《我們的時代》中，
人物的性意識和政治、民族、社會、文化問題
糾纏在一起，凸顯出同性戀背後劇烈的文化衝
突和時代焦慮。

　　與三島由紀夫的純美學文本不同，大江健
三郎的文本是政治性的，他要表現的不是人類
激情和夢想，而是這種激情和夢想產生和實現
的條件。這也是現代詩學與古典詩學的根本區
別之所在。美學文本構築了關於某種現實（如
同性戀）的光華閃閃的烏托邦，而政治文本則
致力於撕破這些烏托邦的外皮，露出令人沮喪
的生活真相。這種文本將美學神話還原為人性
的基本衝動：求生存，求佔有，求發洩，以一
瞬之歡抵銷生之挫折與磨難……同性戀是生存
痛苦的幻象解脫方式；它以對同性美的凝注，
片刻忘懷內心世界的種種痛楚，外在世界的重
重災難。它的美學與美學創立的初衷吻合：一
切的美，無論自然之美、人體之美、同性愛之

美、雙性愛之美……，如果不是觀照宇宙和諧
並與之結合的途徑，就充當污濁人世的安慰
品，以忍受艱難的生存。

同性戀，將歷史性地充當人類對完美和愛
之無盡追求的夢幻天堂。

一場影響更深遠、意義更重大的文藝復興
運動業已來臨，這場解放人性的文化運動，將
久經埋沒和禁制的古代同性戀文化發掘出來，
使之重新光大。它繼承近代義大利文藝復興的
傳統，向一切人性的禁忌發起攻擊，有力地搖
撼了性別奴役基礎上的全部文明史。

同性戀已成為人類自我探索和自我解放的
重要手段，一代新人藉此深入探索人性和動物
性、自由和約束、短暫和永恆、性與美、生與
死、青春與宿命、愛與厭倦之間謎一樣的關係，
表達對這些生命的根本課題的全新見解。

同性戀文藝復興的根本準則是：一切神
靈、上帝、教條、物質、權威，都不值得熱愛，
唯一值得熱愛的是生命，充沛於宇宙間、體現
在同性和異性身上的、那無限完美的生命。

　　現代同性戀文藝復興是生命詩意的徹底解放。

第四章
醉心於完美
——同性戀藝術

　　古代同性戀藝術隨人類遠古性文化的發
展，經歷了數度變遷，其萌芽狀態肇始於公元
前一萬五千年至公元前五千年的新石器時代。
此前舊石器時代人類性覺醒期對女陰的生殖崇
拜，此時轉變爲男性性能力的自我炫耀，男性
陽具成爲原始藝術主要的表現對象，生殖崇拜
轉變爲男性生殖器崇拜。在這種崇拜中，伴隨
著男性自慰行爲的，是自我戀和對同樣具有強
大勃起能力的同性陽具的欣賞，同性戀的心理
基礎已經具備。

一、遠古同性戀藝術

　　在公元前三萬年至公元前一萬年的舊石器時代晚期，人類迄今為止出土最早的原始雕塑「羅塞爾的維納斯」（法國）、「維倫堡的維納斯」（奧地利）等，都將女人體刻成矮胖醜陋的渾圓體，其誇張累垂的乳房、肚腹、臀部、大腿和突出的陰部，明顯地強調女性的生殖能力，她們的面部、手、足、雙臂則完全被忽略，似乎這些女人無需表情、動作、情緒和快感的交流，只要她們能懷孕、生育後代就行了。「維納斯」之名只是後來學者的稱呼，美感並不由此產生。

　　而在公元前一萬年的西班牙阿爾塔米拉洞壁的岩畫上，一群裸體男子的線刻形象被表現得十分優美。這群男子體態健美、兩兩交纏，悠悠起舞，場面悠閒華麗。尤其是居於岩畫中央的一個作俯伏狀的青年男子形象，其微翹的

雙臀處畫有直直插入的三條直線，三條直線微
微呈向心狀，直穿過這個俯伏男子的臀部，很
明顯，這是原始生活中男子同性性交的示意。
而排除了女人的男性之舞，即表明了男性同性
性交的神聖性，也表明了遠古同性戀藝術隨著
排除了生殖因素的人類純粹美感的誕生而誕
生。

　　值得注意的是，將女性的柔美豐腴融入男
性裸體之中的傾向在公元前四千年左右人類向
文明社會過渡時便出現了。這是渾沌初分、陰
陽有別、男女分立時代人類雙性同體之性幻想
的產物。在印度哈拉帕出土的紅褐色男性裸體
石雕上，其肉體的微妙起伏、肌膚的細膩光澤、
軀體的柔軟豐腴，表明人類對男性形象的玩味
和內心隱祕情感的捕捉，已達到了相當自如的
態度。而雕塑家對這尊同性裸體的「津津樂道」
的欣賞態度，表明同性戀之美已明顯出現在當
時的社會潛意識之中了。而公元前1365年左右
的古埃及第十八王朝的一幅壁畫，則清楚地表
現了女同性戀的內容：兩個美貌的宮廷貴婦赤

裸全身，並排斜倚在華麗的軟床上，畫面右邊的婦女愛憐地托著左邊婦女的下頦，左邊的婦女則柔情地撫摸著右邊婦女的後背，整個畫面奢華、安閒，洋溢著溫情脈脈的情調。（《世界美術作品集》，第一卷，第160頁，日本朝日新聞社，1981年版）而公元前八世紀荷馬時代的希臘雕塑「赫拉克勒斯與肯陶洛斯」則仍殘留著原始藝術的痕跡：大力神和半人半馬怪互相擁抱著，臉上浮著色欲的微笑，各自的陰莖勃起相同，身體的其他部位被一筆帶過，這明顯的是人類早期同性性交的象徵。而將同性從單純發洩情欲的對象一變而為整體愛戀的對象，人體各部分都得到充分表現，則原始藝術就發展為古典藝術形式了。

二、古希臘羅馬的同性戀藝術

　　古希臘的裸體雕塑是古典藝術不可企及的範本。由於古希臘人的「愛情」特指男子之間

的同性戀，所以它的男性裸體雕塑實際上是古
希臘人同性愛的藝術表現形式。女性裸體形象
出現得很晚，大多表現樂妓、侍女等，美神阿
芙羅狄特的形象直到古典時代晚期才出現，這
清楚地表明：女性很晚才成為愛情和藝術表現
的對象，古希臘的男性裸體雕塑是同性戀性質
的。

　　古典美神的最初代表是阿波羅。從公元前
七世紀到公元前五世紀，阿波羅神像被雕塑成
強健勻稱、英俊俏儻的青年形象，如1832年發
現於皮翁比諾海的「阿波羅」等，都寄託了人
類男性美和同性愛的幻想。而公元前四世紀希
臘化時期的「伯菲德勒的阿波羅」更突出了男
性裸體的肉感和優雅：修長精致的體型、光滑
柔軟的肌膚、波浪般鬆曲的頭髮、皺褶細膩的
披風，都極富於同性愛的暗示。

　　1928年在希臘攸比亞淺海發現了青銅宙斯
像、1972年在義大利馬林納海濱發現的青銅裸
體男子像，則代表了男性力量之美，這些公元
前五世紀的作品，和現藏於那不勒斯博物館的

「赫拉克勒斯像」一樣，都表現了男子對自身
強力和性魅力的炫耀和自我欣賞，是自我戀和
同性炫耀的代表作。

　　公元前四世紀希臘藝術由雄偉壯健一變而
爲優雅秀美，普拉克西特列斯的「引逗酒神的
赫爾墨斯」是這種柔媚的男性美神的代表。神
使赫爾墨斯被刻劃爲一個溫柔秀雅的美少年，
正用一串葡萄逗引左臂上的小酒神，修長秀美
的裸體呈反Ｓ形三個轉折曲線，透露出生命的
靈性與溫柔，散發著微妙的肉感、女性的秀媚、
感官的愉悅和豐富飽滿的青春情欲，是古代同
性愛文化的完美之作。

　　而牧神潘和山林之神薩提兒的雕像，也代
表了男性對雄性生殖力和性能力的自我欣賞。
「潘」在希臘語中是「全體」的意思，即他（性）
能給「全體」生命帶來快樂。他們也時被塑成
美少年的形象，飽含同性戀的意味。

　　此外，在男性自我炫耀的兩大盛事——戰
事和賽事中，同性戀的暗示也比比皆是：雕塑
家在刻劃奮力拚搏的戰士時，並不表現明顯的

敵我愛憎，而是透過扭結在一起的男性裸體，
使性的自炫本能獲得滿足和宣洩；如帕特農神
殿迴廊上的浮雕，青年士兵與半人半馬怪的爭
鬥，與其說是你死我活的拚殺，不如說是一對
強壯裸體的和平角力，它透露的仍是人類內心
的一個隱祕：對自身及同性完美軀體和性能力
的強烈愛慕。

　　而標記著希臘紀年開端的、始於公元前776
年的奧林匹克運動會更是展示男性美、表現同
性戀的盛會。在公元前720年的第十五屆奧運會
上，一名叫奧爾斯波斯的運動員，在奔跑時意
外地將遮掩陰莖的兜布脫落，他赤裸著全身繼
續在跑道上奔跑，在場的男觀眾（奧運會只允
許男人參加）一時間欣喜若狂，從此奧運會開
始了裸體競技之風。波留克來妥斯為希臘雕塑
建立「範式」的傑作「持矛者」、米隆的「擲鐵
餅者」、普拉克西特列斯的「束髮帶的青年」都
表現了運動員的完美體魄，尤其是「束髮帶的
青年」健美中含著少女般的嬌羞，是古希臘男
子人人心儀的對象。

　　「我們是愛美的人！」雅典執政官伯利克里的這句名言恰當地概括了古希臘人對同性之美的迷戀和他們之所以創造出如此輝煌燦爛的同性戀藝術的美學原因。在戲劇、舞蹈、迎神賽會、酒神節遊行中，赤身裸體的美少年被挑選出來領舞誦詩，以娛樂神靈。古希臘人的「美男崇拜」達到了神化的程度：奧運會上的優勝者、當時希臘最美的男子腓力普死時，希臘人在他的墓地建立廟宇，供人朝拜……「他們只想與神行樂，給神看最美的裸體，爲神裝點城邦，創造輝煌的詩歌和藝術，使人暫時脫胎換骨，與神明並肩。希臘人認爲這股熱情就是虔誠……」（丹納，《藝術哲學》）在神面前展示俊美嬌艷的裸體，表現人與自然、人的心靈和肉體的原初和諧，性之神祕，美的巨大創造力，這一切使古希臘的同性戀藝術達到了極高的美學境界，對後世產生了深遠的影響。

三、文藝復興時期的同性戀藝術

　　西方同性戀經歷了中世紀基督教的「千年禁忌」之後，同性戀的意識首先在美學領域流露出來。文藝復興時期的藝術巨匠列奧那多・達・芬奇（Leonardo Da Vinci，1452～1519）就是一個著名的同性戀者。他在年輕時代作為一個藝術學徒住在師傅家裡時，就因與一些年輕人發生同性戀行為而遭到指控。當他成為著名畫家以後，他招的學生都是年輕貌美但才華平庸的男孩，他們當中極少有人日後成為畫家。這些美少年中的最後一個，弗朗西斯科・邁爾茨在他晚年失意時陪伴他到了法國，直到他去世。他被達・芬奇指定為繼承人。達・芬奇對他那些俊美的學生和模特兒的愛達到了極痴情的程度：他為他們買華麗的服裝、親自看護他們中的病者、甚至對他們當中有人有偷盜的惡習也毫不介懷（1910年佛洛伊德的名文

〈達‧芬奇和他的一個記憶〉精闢地分析了這位偉大藝術家的童年經歷對使他成為一名同性戀者的影響，是精神分析美學的代表作）。他的不朽之作「蒙娜麗莎」（畫於1503～1506）那「神祕的微笑」洩露出藝術家難以啓齒的隱祕欲望和內心衝動，這股衝動的核心，是男性對女人的母性既依戀又畏懼的心理：女人即是幸福享樂的源泉，又是束縛自由的囚籠！

　而同樣具有這種「謎一般微笑」的名畫「施洗者聖約翰」（畫於1508～1515）中，男性的健美和女性的溫柔被集於一身，表現了藝術家對雙性同體的古老傳說的色情夢想。著名同性戀者、唯美主義批評家瓦‧佩特敏感地寫道：「稍稍暗含了某種邪惡東西的深不可測的微笑進入了他的所有作品。」而這「邪惡的東西」最有可能的就是同性對他的肉體誘惑力，是與文藝復興時期尚未完全擺脫基督教「一切性都是骯髒的、同性戀更是罪孽」的觀念在藝術家心理上形成的巨大負擔直接有關。籠罩達‧芬奇作品的那個神祕氛圍和一絲難以察覺的不祥氣息

是畫家不可告人的性欲取向和隱祕的內心生活
的藝術表徵。

　　與達・芬奇齊名的巨匠米開朗基羅・波納
羅蒂（Michelangelo　Buonarroti，1475～
1564）也是一位著名的同性戀者。他的裸男塑
像「大衛」（1501～1504）、「瀕死的奴隸」（1513
～1516）是同性戀藝術不可企及的典範，而他
的不朽壁畫「創世紀」中的亞當形象也是同性
愛的完美寄託。他還是當時著名的詩人，他的
情詩大部分獻給他的同性情人卡瓦利耶里。米
開朗基羅的雕塑，將男性的壯健賦予他刻刀下
的女性形象，表現了這位藝術大師的男性崇拜
和情欲取向，他的同性戀藝術有力地凸顯了生
命的偉大和壯美，是人類藝術的瑰寶。

　　文藝復興時期的另一位藝術巨匠、西班牙
畫家埃爾・格列科（1541～1614）也是一個同
性戀者。他的名作「聖塞巴斯蒂安」（1576～
1579）、「拉奧孔」（1610～1614）、「揭開第五
印」（1610～1614）等，將少女的矯柔嫵媚融入
他筆下的青年男性裸體形象中，表現了同性情

欲和同性肉感的細膩昇華，是近代同性戀藝術
的傑作。其遠遠超出同時代畫家的藝術表現方
式，更開拓了現代同性戀藝術的想像力和藝術
表達手段。

　　天才的畫家卡拉瓦喬（約1573～1610）也
是一名同性戀者。他一生放蕩不羈，年僅三十
七歲即死於貧病交加之中。他的繪畫以追求逼
真效果，甚至達到「無情的真實」的寫實風格
而著稱。在他的著名作品「年輕的酒神」中，
一位斜臥的裸體少年的肌膚被刻畫得極其細膩
肉感，少年臉上慵懶嬌嫩、煙視媚行的神態，
充滿了同性戀的暗示。當代著名導演德・嘉曼
根據他的同性戀經歷拍成的電影「卡拉瓦喬」
也成為同性戀藝術的傑作。

　　文藝復興時期的同性戀藝術集中在對基督
教聖徒塞巴斯蒂安的形象描繪上。這位殉教的
羅馬禁衛隊隊長，成為這一時期人們同性戀欲
望的藝術載體。許多畫家並不熱衷於畫這位瀕
死的聖徒的痛苦，卻津津樂道地描繪這個青年
聖徒潔白的裸體、細膩的肌膚、恬美的面部表

情，身披利箭卻無鮮血迸濺，更無痛苦掙扎的
表情，而是盡情炫耀自己的肉體魅力，帶有極
明顯的同性戀的暗示。此外，一些描繪田園牧
歌場景中青年收入生活的裸體畫也含有強烈的
同性戀審美趣味。康帕諾拉（Demenico Cam-
pagnola，1484～1562）的一幅素描作品坦率地
描繪了優美的大自然懷抱中兩個同性少年偷偷
親吻的畫面，是十六世紀義大利最直言不諱的
同性戀繪畫。後代美術史家爲掩飾畫中內容，
將畫題名爲「田園風光」或「兩個蹲伏的少年」，
根本不能自圓其說。

　　法國楓丹白露派畫家的名作「加百利‧德
斯特勒與其妹」（十六世紀末）則是女同性戀繪
畫的代表作品。畫中法王寵妃加百利‧德斯特
勒與其妹、巴拉尼元帥夫人並立於浴盆中，畫
面左側的妹妹用手捏弄姐姐的乳頭。有的批評
家將此動作解釋爲表示姊姊已經懷孕，畫面深
處的女傭則在準備嬰兒的尿布。這種解釋十分
牽強。很明顯，姊妹共浴一池，女傭是爲她們
準備擦乾身體的浴巾，哪裡來的「嬰兒尿布」！

而姊姊手持一枚戒指，暗示今夜將獲國王寵
幸，妹妹手捏姊乳，則明顯是為了刺激起姊姊
的性欲，為姊姊服侍國王做「性交前戲」的準
備，整幅畫面是國王強大權力的象徵，也是宮
廷御用的楓丹白露派畫家創作這幅作品，以向
國王權力獻媚的用意之所在。畫中國王未曾露
面，但其逼人的權勢卻無處不在。這幅畫的真
正功力藏於畫外，它用兩個浴盆中的裸體美女
的同性愛場面，巧妙地刺激起所有觀眾的雄性
佔有欲望，真可謂當代女權主義批評中「性權
力」、「性政治」的活標本。

四、近代西方同性戀藝術

　　近代西方同性戀藝術的舞台由義大利移至
法國。十七世紀法國古典主義繪畫的奠基人、
「法國繪畫之父」尼可拉斯・普桑（Nicolas
Poussin，1594～1665），就畫了許多極富同性
戀色彩的傑作。他最愛表現的題材是山林間一

群裸體的青年男女的嬉戲遊樂場面，其中「花神的天國」對男青年裸體的刻劃、「瑪埃德斯王在波克托勒斯河洗澡」對兩個男子裸體共浴的描繪、「戰神與愛神」對戰神瑪爾斯全裸形象的細膩處理和對男性生殖器意味深長的省略、「瑪埃德斯與酒神」中酒神單膝跪地向美少年瑪埃德斯信誓旦旦的場景、「牧神潘的慶典」和「牧神像前的酒神節遊行」中男女混雜、兩男裸體相抱、相戲、共舞的場面、「奧羅拉與賽菲勒斯」中男青年對女性糾纏的拒絕……都透露出極濃厚的同性戀情調。

　　被譽為「法國十七世紀繪畫最高成就之一」的名作「阿爾卡迪亞的牧人」將深刻的哲理寓於優美的詩情中，三個年輕美貌的牧人俯身在一處墓穴銘文上，銘文是「我也光顧了阿爾卡迪亞」，即死亡也會君臨傳說中的幸福無憂之鄉阿爾卡迪亞！而出現在畫面右側、安撫由於這一發現而略顯驚惶的牧人們的女神，溫柔端莊、來歷不明，她難道不就是美麗、平靜的死亡本身嗎！畫面中三個青年牧人之間親密無間

的關係，與他們對「無名女神」彬彬有禮、溫
存順從的態度之間，形成一種微妙的對照：很
顯然，異性尚未進入阿爾卡迪亞的幸福世界，
女性的出現伴隨著死亡和衰敗的開始，人類對
女性既孕育生命又消耗生命、既開啓智慧又引
起憂傷的古老神祕充滿了敬畏，這種敬畏之心
是男子同性相親的心理動力的源泉。

　　同性愛是人類對青春期同性親密關係的長
久依戀、對成年責任的全面逃避。在很多情況
下，它不是迷戀同性的肉體，而是迷戀同性肉
身上久久浮現的逝去的青春。普桑的素描作品
也表現了這一點。在題爲「兩個雕像式的人體」
中，一對勾肩並立的裸體美少年像一尊連體的
雕塑，其關係之密切親暱、其神態之恬美嬌柔，
乍看起來會讓人誤以爲是一對裸女！而整個畫
面撲面而來的青春氣息和肉感情調，顯示出畫
家對同性少年之美的艷羨之心和高度敏感，是
同性戀潛意識的殊堪玩味之作。普桑的畫是近
代同性戀藝術的圭臬。

　　繼古典主義而起的是華麗的「巴洛克」、

「洛可可」藝術。這種風格的作品突出人體的肉感和明艷、貴族生活的浮華和奢侈、男女調情遊戲的輕浮，同性戀的色彩也十分濃厚。而代表近代同性戀藝術又一高峰的是新古典主義的繪畫。

雅克‧路易‧大衛（Jacques Louis David，1748～1825）是十八世紀法國新古典主義的傑出代表，也是近代同性戀藝術的大師。在他的早期作品「安蒂奧丘斯與斯特拉托尼斯」（1774）、「安特洛瑪哀悼赫克托耳」（1783）中，男性健美的裸體居於畫面視野的中心，而著裝的女性形象則起著烘托的作用，表明男性美是畫家性快感的主要來源。而「蘇格拉底之死」（1787）將著名同性戀哲學家蘇格拉底的形象以半裸形式出現，而遞上毒酒的美少年的背部刻劃也強烈地暗示了他與蘇格拉底的同性戀關係；「薩賓婦女」（1799）中兩個持槍對峙的男子裸體形象完美地表現了男子氣概和男性美，而出面調和的婦女形象，或高舉嬰兒、或抱持一方男子的大腿作哀懇狀，或在兩男子間

作分解姿勢，明顯帶依附性，表明畫家對兩性各自的歷史作用及其美學價值的不同對待。

1794年法國大革命的高潮中，大衛畫了「約瑟夫‧巴拉」，將為共和國而死的十三歲男孩巴拉的形象處理成極富女性特徵的裸體少年形象，充滿了同性戀的意味。而1814年畫成的「列奧尼達斯在德爾摩比勒」則將同性戀的意味擴展為直接描繪：在斯巴達主將列奧尼達斯極富肉感的強壯裸體的身後，一對裸體士兵正擁抱在一起，相互親吻撫摸著；另一對裸體士兵則相互摟抱著，一起揮舞著荊冠……這是斯巴達軍隊被波斯軍隊包圍，斯巴達士兵在誓死抵抗前向自己軍中的同性情人作最後的訣別，畫面充滿了男性同性戀生死與共的感人氣氛。

大衛的學生、新古典主義的另一名傑出代表安格爾（Ingres，1780～1867）則是女同性戀的謳歌者。他的名作「土耳其浴室」（1863）是近代女同性戀藝術的輝煌之作。

浪漫主義畫家德拉克羅瓦（Delacroix，1798～1863）在「自由引導人民」（1830）中使

畫面中央自由女神上半身的裸體，與畫面前方倒地的青年下半身的裸體，形成微妙的性感對應關係，這種對應關係是歷史事件背後的性欲動機的洩露，而「希奧島的屠殺」(1824) 則將畫面中央被殺男子的裸體形象處理得十分平靜優美，面部表情甚至帶著一絲幸福的微笑，這裡畫家的潛意識沖決了主題的限制，不自覺地流露了出來。而巴黎公社領導人之一、寫實主義的畫家庫爾貝 (Courbet，1819～1877) 在1866年的名作「睡」中直接描繪了一對女同性戀者摟抱而眠的慵懶睡態，畫面大膽直率，具有露骨的色情性，是現代女同性戀藝術的先聲。

五、現代西方同性戀藝術

現代西方繪畫經歷了印象主義、立體主義、抽象主義、原始主義、波普主義、事件主義等發展階段，同性戀藝術伴隨其發展，並且

聲勢日益壯大，成爲當代藝術的主流之一。

　　晚期印象派大師高更（Paul　Gauguin，1848～1903）在回憶錄《諾阿諾阿——芳香的土地》中，描寫了自己初到塔希提島時跟在一名健美的土著青年嚮導後面漫遊全島，對那位青年勃發了同性情欲的故事。他的描繪當地兩個土著婦女的裸體形象的名作，取的也是富於同性戀挑逗性的題目：「哎呀！你嫉妒嗎？」

　　「現代繪畫之父」塞尚（Paul Cezanne，1839～1906）則畫了許多青年男子裸體同浴的作品，飽含著同性性暗示。立體主義大師畢卡索早年也與一名吉普賽少年有同性戀情，他還與同性戀詩人馬克斯・雅可布同居了一段時間。而英國前拉斐爾派畫家比亞茲萊爲著名同性戀作家王爾德的名劇《莎樂美》所做的插圖則充滿了露骨的同性戀色情情調。唯美主義的藝術風格還影響了另一名同性戀者、著名版畫家肯特（1882～1971），他爲《草葉集》、《白鯨》所作的插圖是對男子同性戀和男性肉體美的詩意禮讚。

同性戀美術在當代成爲引人矚目的藝術潮流。著名英國藝術批評家愛德華・路西・史密斯在《七〇年代美術》（第60頁～63頁，汪晴譯，嶺南美術出版社，1985年，廣州）中寫道：

> 所有美術形式中都有強大的色情因素。……同性戀亞文化群的出現和它的廣泛影響，像女權運動一樣，已成爲七〇年代的一個特徵……

美國當代女畫家西爾維婭・斯萊（Sylvia Sleigh）故意讓她筆下的男性裸體做出女性般妖嬈的姿態，充滿了女權主義和同性戀的意味；英國女畫家貝里爾・庫克（Beryl Cook，1927～）則在「皮革酒吧」一畫中誇張地描繪了一名「新手」初入同性戀酒吧就被性饑餓的同性戀者團團包圍、爭相「瓜分」的情景；德爾馬斯・豪（Delmas Howe，1935～，美國）將三個勾肩搭背的美國性感牛仔命名爲「三女神」；攝影師羅伯特・馬普索普（Robert Mapplethorpe，1946～，美國）的同性戀攝影則清

楚地表明同性戀的前衛文化地位。美國畫家休・斯蒂爾斯則描繪了兩個同性戀男子在浴缸中隔著塑膠擁抱的場面，暗示了當前愛滋病的巨大災難，名爲「塑膠的擁抱」(1992) ……

　　一向被視爲美國藝術思潮指路燈的紐約惠特尼藝術雙年展，1993年的主題是「多族裔文化」和「身分政治」，討論種族身分、性別身分、同性戀和多元文化問題，八十七名參展者中絕大多數是美國社會主流文化的「邊緣人」，即婦女、亞非拉後裔、同性戀者，年齡比往屆年輕許多，且半數爲視像或行動藝術家，同性戀成爲重要的文化命題和藝術命題。

　　也是在1993年，中國旅美藝術家陳強發現了一個意味深長的文化現象：在紐約的幾百個酒吧間的廁所牆壁上，塗鴉字畫幾乎全部與同性戀的欲望有關，這無數人留下的手筆，是人類潛意識的黑暗空間漂浮著的同性情欲的隱祕訴說、無奈發洩與尋求交流的渴望。陳強爲此製作了一個由五千張這類照片製成的明信片，透過各種訊息渠道向紐約街頭散發，並且出版

《東村酒吧指南》，為想要欣賞這些「廁所藝術」的讀者提供線索，還邀請社會各階層人士對此發表意見。這個「訊息裝置」和「事件美術」的名稱是：「天堂的留言」。

同性戀正成為當代人類欲望嚮往的最後天堂。

六、西方同性戀音樂與舞蹈

西方近代音樂巨匠中的同性戀者有：貝多芬（1770～1827），他與年輕英俊的侄兒卡爾之間的曖昧關係被拍成了同性戀電影「貝多芬」（引自台灣《聯合報》電影版，1990年8月；《男同性戀電影》，第113頁，志文出版社，1994年版）；舒伯特（1797～1828），著名導演波蘭斯基在「死亡‧處女」一片中披露了這位早夭的天才的同性性取向⋯⋯（編按：作者此處所指有誤，該片並非舒伯特的傳記電影，只藉其音樂做為電影故事的象徵，故事亦純然和同性戀

無關。舒伯特的這首曲子名為「死亡與少女」，波蘭斯基的同名電影，台灣上映時則譯為「死亡‧處女」）。

俄國偉大的作曲家柴可夫斯基（Peter Ilil-ch Tchaikovsky，1840～1893），也是著名的同性戀者。他出生於貴族家庭，十歲時開始學習鋼琴和作曲。同年，被送到法律學校讀書，畢業後在司法部工作。他十四歲時痛失慈母，一直被父親強迫學習法律，音樂天賦難以發揮。1862年，他違背父願，入彼得堡音樂學院師從魯賓斯坦學作曲，畢業後赴莫斯科音樂學院任教，並從事作曲。

柴可夫斯基是音樂史上的全才，他的交響曲、協奏曲、歌劇、舞劇、音詩、音樂小品等都取得了輝煌的成就，「悲愴交響曲」、歌劇「奧涅金」、「黑桃皇后」、芭蕾舞劇「天鵝湖」、「睡美人」、「胡桃鉗」等都是不朽的名作。1888～1891年，他到世界各地巡迴演出獲得極大成功。1893年6月，英國劍橋大學授予他榮譽博士學位。

　　正當他的事業處於巔峰狀態時，他卻莫名
其妙地死去了。人們對他的死因議論紛紛。官
方的解釋爲「因飲用不潔水而染上霍亂致死」
的說法根本不能自圓其說。當時的人們紛紛傳
說他的死與他的同性戀行爲有關。直到本世紀
八○年代，俄裔美國學者亞歷山大・奧爾洛娃
披露了這一驚人的內幕。1981年3月1日《華盛
頓郵報》刊登喬爾・施皮格爾曼的文章〈柴可
夫斯基是被迫自殺的嗎？〉，披露了這個十九
世紀音樂史上最悲慘的醜聞的真相：一代樂聖
是因自己的同性戀行爲而被迫自殺的。英國南
安普敦大學教授大衛・布朗在傳記《難忘的柴
可夫斯基》中介紹了音樂家自殺的經過：一位
地位顯赫的貴族給沙皇的控告信中，指控柴可
夫斯基引誘他的侄子搞同性戀活動。於是一個
由柴可夫斯基早年在帝國法律學院的同班同學
組成的「特別法庭」，裁定音樂家在流放西伯利
亞和自殺之間作出抉擇。精神已經崩潰的柴氏
稍後便喝下了砒霜。

　　由此回顧柴可夫斯基的音樂，那難以排遣

的憂鬱和悲哀正是無法訴說的同性戀情、遭到當時法律和社會道德禁止的同性愛無處宣洩的情緒反應。迴盪在他音樂深處的「宿命的悲哀」和陰森的戲劇力量，正是他對自身處境的悲劇性預感。飛翔在魔王控制的天鵝湖上空的潔白無辜的天鵝，正是作曲家內心不可告人的愛情和夢幻的美麗象徵，而法律和道德的魔法所加在他身上的魔咒最終卻置他於死地。

　　細觀柴可夫斯基二十歲時的照片，那年輕俊美的面龐、溫柔敏感的表情、略帶憂鬱的眼神、豐厚多情的嘴唇、優雅細膩的坐姿，已充分洩露了他內心的全部祕密和柔情。十歲即被強迫送入帝國法律學院的他，極有可能受到了年長同學的同性性騷擾，而正值青春期的性覺醒階段、敏感多情的少年極有可能與同學發展同性戀關係，這種關係從此就成為他一生的性愛模式。他的短暫婚姻的失敗、與梅克夫人排除了任何肉體關係的「精神戀愛」證實了這一切。而他與長期陪伴在他身邊的年輕英俊的音樂家亞歷山大‧席洛特、埃‧科泰克、阿‧布

蘭多科夫等人的親暱關係，他和同性戀文人
阿・柴德雷斯基、特・阿普科廷、皮・卡特索
夫的密切交往，也證明了這一點。

　　柴可夫斯基的音樂是西方同性戀音樂的瑰
寶。

　　現代音樂的開創者、傑出的奧地利作曲
家、當代最偉大的指揮家之一的古斯塔夫・馬
勒（Gustav Mahler，1860～1911）也是一名
同性戀者。他出生於捷克的猶太小商人家庭。
六歲即參加鋼琴比賽，八歲就能給別的孩子教
課，十五歲入維也納音樂學院學習，二十五歲
時被聘為布拉格歌劇院指揮，後在歐美許多著
名樂團任指揮。一生創作十部交響曲、四部聲
樂套曲、一部清唱劇等作品，代表作為交響曲
「巨人」、「復活」、「大地之歌」等。

　　馬勒自稱是「三重的無家可歸者」：在奧地
利作為捷克人、在日耳曼族中作為奧地利人、
在歐洲作為猶太人，「到處我都是闖入者，永遠
不受歡迎」。他還忘記了「第四重」：作為一個
同性戀者，他是世界的異鄉人。他的音樂緊張、

尖銳、令人窒息。而他的解脫方式是宗教和東
方文化。馬勒晚年被中國唐詩深深地吸引了，
他根據李白、孟浩然的詩譜寫的「大地之歌」
是難以自拔的憂鬱、焦慮和同性情欲的完美昇
華。

　　當代前衛音樂的代表人物約翰‧凱奇也是
一個著名的同性戀者，他最引起爭議的作品是
讓觀衆陷於沒有一絲音符的徹底寂靜中。同性
戀者已由早期的痛苦絕望一變而爲高度自信和
充滿力量。而現代搖滾樂的代表人物約翰‧藍
儂與「甲殼蟲樂隊」的演出經紀人之間也有同
性戀的關係。同性戀、毒品是現代搖滾樂的靈
感來源之一。

　　俄國舞蹈家瓦斯拉夫‧尼金斯基（1889～
1950）是舞蹈界衆多同性戀者的傑出代表。他
出生於俄國舞蹈世家，早年入帝國舞蹈學校學
習，後成爲帝國芭蕾舞團的首席芭蕾舞演員。
與此同時他在應邀出席的貴族晚會上初嚐同性
戀的禁果。由於不滿俄國舞蹈界的僵化，他參
加佳吉列夫組織的「俄國芭蕾舞團」旅法演出，

大獲成功，他的舞蹈被巴黎舞蹈界譽爲世界七
大古代奇蹟之外的「第八奇蹟」。他的輝煌的跳
躍和旋轉至今仍無人敢於問津。同時他開始了
與佳吉列夫的長期同性同居生活。對此他毫不
隱諱：

　　　　我永遠也不後悔自己做過的事。因爲
　　我相信，生活中的所有經歷，只要是以探
　　索眞理爲目的，就都是崇高的。我不後悔
　　與佳吉列夫的那種關係，即使道德加以譴
　　責。

他的生命以「美的創造」爲最終目的：

　　　　當我們創造出一些美的事物時，我們
　　就是反映出了上帝。

　　爲了擺脫佳吉列夫日漸增長的控制，尼金
斯基遠赴巴西演出的海船上宣布與同團的一名
女演員結婚，但拒絕與她發生性關係。氣急敗
壞的佳吉列夫將他逐出舞團。從此他自組舞
團，自編自演了許多開創現代芭蕾的舞蹈。四

〇年代末，與佳吉列夫的重逢引起尼金斯基精
神失常，後死於瑞士的療養院。被尊爲「舞蹈
之神」的尼金斯基的翩翩倩影，是同性戀藝術
最完美的形象之一。

七、當代同性戀戲劇與電影

　　同性戀是當代戲劇舞台上最激動人心、最
富戲劇性的主題：它或是一齣戲中引起戲劇性
衝突的中心情節，或是全劇隱祕的核心所在。
在舞台上，人們坦然正視同性戀，思考這種文
化衝突帶來的生命啓迪。

　　法國同性戀劇作家熱內（Jean　Genet，
1910～1986）的作品取得了很高的美學成就。
他原是一個棄兒，由育嬰堂收養。兒童時代在
街頭流浪。十歲時被送入教養院。成年後因行
竊多次入獄。在獄中決心從事文藝創作。法國
當代著名詩人科克托和著名作家沙特十分欣賞
他的文采，同情他的身世，幫助、提攜他成爲

作家和戲劇家。沙特的名文〈殉道者和演員：
聖徒熱內〉對他的文學成就進行了透徹的研究
和闡發。

熱內在1940年至1948年間，陸續發表四部
長篇敘事散文（廣義的小說）：《百花聖母》、
《玫瑰奇蹟》、《殯儀隊》和《勃來斯特的爭
吵》。1949年他發表自傳《竊賊日記》，大膽顯
露了同性戀的性心理和反社會的激情。

熱內的主要劇作是《女僕》(1947)、《陽台》
(1956)、《黑人》(1958)和《屏風》(1961)
等。他讚賞東方戲劇，他心目中的戲劇模式是
象徵性的彌撒祭，在舞台上宣揚罪惡，並使之
聖潔化，視惡爲善，化黑暗爲光明。他認爲人
在現實中遠不如在表象中來得眞實，因此，透
過折射表明人世間的一切皆爲幻象和噩夢，全
是謊言與騙局。《女僕》中的兩個女僕爲了發洩
對主人的仇恨，每逢主人外出時，輪流扮演主
僕進行遊戲。《陽台》中的劊子手和被告均爲法
官的鏡子中的人物。人人都在自己的幻象中享
受高官厚祿和一帆風順的生活。《黑人》是表演

戲中之戲，一群黑人演員表演在殖民制度下的
王官生活。這些戲劇作品的主人公都是熱內所
說的「被摒棄在生活之外的人」。

　　筆者曾在中央戲劇學院（大陸北京市）的
小劇場內，觀看了由孟京輝導演的熱內的名劇
《陽台》，被作品超越現實的蓬勃詩情所震
撼：在戲劇展示的現代人類的地獄鬧劇中，人
的與生俱來的、狂野不羈的生命激情，在某種
強烈的儀式感中，揮灑為性、自戀、青春和語
言的狂歡慶典。與後現代文本的冷漠衰敗、老
氣橫秋不同，《陽台》流溢著一股黑暗而燦爛的
酩酊，真實和虛幻詩意地交錯昇騰，感官沉溺
和自我崇拜在「菲勒斯（男生殖器）中心主義」
的旗幟下達到迷狂，作品的結尾只能以英俊的
男主角羅傑的自我閹割而告結束，因為這場狂
熱的酒神祭典必須以獻祭為最高潮，死亡是這
連篇不斷的生命與青春幻象運動的真正核心，
這是自我創造又自我毀滅的濕婆（印度人對宇
宙本質的命名），自我撫摸、自我噴湧、自我萎
縮疲軟的集體手淫儀式，寂滅對生命躁動的最

後解決。夾在文明的雙腿之間的那美妙的懸垂物，被作者毅然決然的一刀有力地割去：要尋求超脫，就放棄歡樂！

　　熱內是荒誕戲劇的代表作家，他的戲劇表面雜亂，但蘊涵深刻。戲劇對於他是強烈控訴社會現實的一種手段。他的語言簡練清晰，又熱情似火，達到了詩的爐火純青之境。他的作品《百花聖母》(1940)、《玫瑰奇蹟》(1947)、《窈賊日記》(1949) 等都大膽地描寫了同性愛。他拍的電影「情歌短曲」也成為當代同性戀電影中的名片。

　　當代同性戀戲劇的另一名代表人物是美國劇作家田納西・威廉斯 (Tennesse Williams，1914～1983)，他是當代美國最傑出的劇作家，在文學史上和阿瑟・米勒齊名。如果說米勒以精心創作易卜生式的社會問題劇喚醒世人正視現實而聞名於世，那威廉斯不僅以多產著稱，而且也以深刻表現美國時代的犧牲品———普通人———的苦悶和逃避現實著稱，他的藝術特點是戲劇性強，對白精練，作品充滿詩意象徵主

義的神韻。

　　威廉斯生於美國密西西比州，曾在密蘇里
大學和華盛頓大學攻讀，1938年畢業於愛荷華
大學，獲文學學士學位。他當過工人、服務員、
電梯工人、機務員和電影公司編劇等，這些豐
富的社會經歷都爲他的創作積累了寶貴的素
材。儘管他在1936年就開始了戲劇創作活動，
但一直到1944年他才正式成爲專業劇作者。

　　四十多年來他寫了五、六十部話劇劇本，
八、九部電影劇本和幾部電視劇本，此外還出
版過兩部長篇小說，六、七部短篇小說集、兩
本詩集和一部評論集。他在1948年和1955年分
別以《欲望街車》和《熱鐵皮屋頂上的貓》獲
得普立茲獎，此外，在1945年、1948年、1955
年、1962年四年中四度獲得紐約劇藝界獎，1969
年獲得美國文學研究院金質獎章，1979年又獲
紐約甘迺迪藝術中心藝術獎，1976年成爲美國
藝術學院院士。在他幾十部劇作中，最成功的
當屬《玻璃動物園》、《欲望街車》（均改編成同
名電影）和《熱鐵皮屋頂上的貓》。

　　他的成名作《玻璃動物園》(1945)，曾在百老匯連續演出五百六十一場，轟動一時，劇本以美國三〇年代經濟大蕭條時期為背景，描寫南方一個製鞋工人湯姆有理想，卻不得不為全家人的生計而做自己厭煩的工作；妹妹是個殘障者，無生存競爭能力，終日把玩玻璃小動物。當時有些評論家把《玻璃動物園》譽為「開創了西方戲劇史的新篇章」。

　　許多人認為，威廉斯是繼尤金・歐尼爾之後美國最優秀的劇作家。他的戲劇以直逼心靈的激情使當代觀眾深受震動，同時又感到迷惑不解。因為，作為一個欲望強烈的同性戀者，威廉斯將同性戀的主題深深地隱藏在劇本謎一樣的感情迷宮的深處。

　　《欲望街車》(1947)便是這樣一部作品。它連演八百五十五場，榮獲普立茲獎。劇本表現女主人公布蘭奇的情感經歷時故意將她的第一個情人的死描寫得含糊不清：實際上，那個「在新婚床上抱頭哭泣」的青年是一個同性戀者。初戀的挫折和生活的艱難，使布蘭奇墮入

深淵。

「欲望」把人送入詩意紛披、幽情縹緲、脆弱情感的迷亂崩潰境地，而造成這種境地的重要因素之一便是布蘭奇初戀的失敗：自己的第一個情人是同性戀者！布蘭奇就是威廉斯自己，她被馬龍‧白蘭度飾演的「波蘭佬」的強壯體魄和性的魅力所吸引，又不能容忍他的鄙俗自私，最終被姦發瘋。這是同性戀知識分子最常遇到的問題和苦惱：被同性少年的肉體所吸引，卻不能達成肉欲之歡後的精神和諧。

同性戀主題在他的第三部重要作品《熱鐵皮屋頂上的貓》中被推到了前台。著名導演、同性戀者伊利亞‧卡費將之搬上舞台時要求作者對這一主題加以隱諱，後來的演出則恢復了作品的原貌。

《熱鐵皮屋頂上的貓》（獲普立茲獎），在百老匯連演六百九十四場。在劇中，出身貧苦的瑪格麗特深為丈夫的同性戀所苦，她千方百計引誘丈夫的同性情人斯基普與自己私通，以打消丈夫布里克的同性戀情結，不料布里克對

她更加厭惡，斯基普負疚身亡。威廉斯以深刻的筆觸刻劃了同性戀者被迫結婚所造成的心靈悲劇。此劇的眞正主題是勢利的考慮和女人的佔有欲斷送了純眞的（同性）愛情。威廉斯以此劇控訴了「充滿銅臭氣的美國」。

此外，在《玫瑰黥紋》（1951）、《去夏突至》（1960）等名劇中，同性戀的主題變得更強有力，成爲左右人物命運的神祕的宿命力量。

1983年，威廉斯本人莫名其妙地死在一家旅館裡，人們普遍懷疑這與他放蕩的同性戀生活直接有關。據說，二次大戰期間，他在米高梅製片廠任編劇，每晚都到聖蒙尼卡斷崖公園，尋覓駐紮在那裡的年輕軍人，有中意的即將之帶回自己寓所。他在日記中曾記載與一名海軍陸戰隊隊員一夜裡七次達到性高潮的經驗！（《荒人手記》，64頁，台灣時報出版公司，1995年2月）

威廉斯的戲劇以強烈的激情和濃鬱的詩意而成爲當代同性戀戲劇的經典之作。

彼爾‧帕索里尼（Pier Pasolini，1922～

1975）是義大利當代著名的詩人、小說家、電影導演。1945年畢業於博洛尼亞大學文學系。1954年出版詩集《青春美好》。1955年，長篇小說《生之兒女》出版，寫羅馬郊區一群青少年的流浪生活，其中大膽披露了同性戀和同性賣淫的內幕，引起很大爭議。六○年代以後，他拍了一系列轟動國際影壇的「性電影」：「十日談」、「坎特伯利故事集」、「一千零一夜」等，都表現了同性戀場面。此外，他的文學評論集《激情和思想》（1960）、《異端的先驗主義》（1972）、《詩電影》（1969）等，也有廣泛的影響。1975年，他因情變被自己的同性戀人刺死。據此拍攝的電影「誰殺了帕索里尼？」亦成為當代同性戀電影的名片。

喬‧奧頓（Joe Orton，？～？）是英國當代著名的劇作家。他與同性戀人堅尼夫十六年的同居生活充滿了風風雨雨、恩恩怨怨。早年，奧頓被比他年長的堅尼夫的才氣所吸引，堅尼夫將畢生所學授予奧頓，而奧頓則將堅尼夫帶入一個情欲開放的美妙世界。兩人都想在歷史

上留下深深的足印，但始終只有奧頓能夠成功。在無法壓抑的嫉妒心的驅使下，堅尼夫殺死了奧頓然後服毒自殺。這段悲劇戀愛由英國著名導演斯泰芬・費亞斯搬上銀幕，片名叫「留心那話兒」(Prick Up Your Ears)，轟動一時。

著名的美國左翼劇作家克・奧德茨 (Clifford Odets，1906～1963)，他的《金孩子》、《花開的海灘》都間接的涉及了同性戀愛。當代美國著名劇作家、演員、搖滾樂歌手薩姆・謝潑德 (Sam Sheperd，?～) 的劇本《石花園》也以同性戀爲主題。

相比較而言，早期電影對同性戀的態度十分僞善。

電影是最容易屈服於公衆偏見的藝術形式。在早期電影中同性戀者成爲備受污辱和輕蔑的笑料。第一部以同性戀爲主角的德國電影也以謀殺爲基本內容。直到本世紀六〇年代，同性戀電影發展爲引人矚目的電影藝術潮流，同性戀者的美好形象才樹立起來。從八〇年代

開始，世界各地每年一度的同性戀電影節，其
參展影片和觀眾人數的盛況，表明同性戀文化
靠自身建設，正逐步清洗掉不公正的歷史偏
見，以自身的價值觀和美學觀加入到當代多元
文化的共鳴之中。

　　在電影草創期的電影大師中，最著名的同
性戀者是俄國導演愛森斯坦（Sergei M Eisen-
stein，1898～1948）。他出生在現已獨立的拉脫
維亞首府里加，由戲劇舞台轉向電影，二十七
歲時導演了電影史上最具藝術性的經典影片
《波坦京戰艦》（1925），這部影片標誌著電影
美學的開端。愛森斯坦是電影蒙太奇藝術的創
立者，他的電影「十月革命」（1927）、「舊與新」
（1929）、「墨西哥萬歲」（1932）、「白淨草原」
（1937）、「亞歷山大‧涅夫斯基」（1938）、「伊
凡雷帝」（1945）是電影蒙太奇學派的傑作。他
一生都在尋求同性戀的滿足，直到死時，他手
裡拿著的仍是同性戀詩人惠特曼的《草葉集》。

　　在世界著名導演的行列中，許多開創了電
影流派的藝術天才都是同性戀者：義大利新寫

實主義電影的傑出代表盧恰諾‧維斯康堤、瑞典學派的大師英格瑪‧柏格曼、德國新電影運動的旗手法斯賓德、同性戀電影的先驅帕索里尼、英國電影奇才肯‧羅素、德‧賈曼……他們的電影是同性戀藝術的傑作:「魂斷威尼斯」、「納粹狂魔」、「哭泣與語」、「異鄉人」、「索多瑪120天」、「柴可夫斯基」、「瓦倫蒂諾」、「花園」……

同性戀電影明星更是比比皆是:魯道夫‧瓦倫蒂諾、葛麗泰‧嘉寶、蒙哥馬利‧克利夫特、亞蘭‧德倫、洛‧赫遜……(同性戀的體育明星則有網球女金剛娜拉蒂洛娃、跳水王子洛加尼斯……)

1993年,中國電影「霸王別姬」、台灣電影「喜宴」分獲坎城、柏林影展大獎,標誌著同性戀藝術已擴及全球範圍。同性戀電影已成為當代電影的重要潮流,對同性戀者的平等對待已是全球藝術家的共識,同性戀者先在美學領域獲得了基本尊重與自由。

文化手邊冊 22

同性戀美學

作　　者／矛鋒
出 版 者／揚智文化事業股份有限公司
發 行 人／葉忠賢
登 記 證／局版北市業字第 1117 號
地　　址／台北市新生南路三段 88 號 5 樓之 6
電　　話／(02)2366-0309　2366-0313
傳　　真／(02)2366-0310
印　　刷／偉勵彩色印刷股份有限公司
法律顧問／北辰著作權事務所　蕭雄淋律師
初版一刷／1996 年 7 月
初版三刷／2000 年 8 月
定　　價／新台幣 150 元

南區總經銷／昱泓圖書有限公司
地　　址／嘉義市通化四街 45 號
電　　話／(05)231-1949　231-1572
傳　　真／(05)231-1002

ISBN　957-9272-63-8
網址：http://www.ycrc.com.tw
E-mail：tn605547@ms6.tisnet.net.tw

國家圖書館出版品預行編目資料

同性戀美學＝*Aesthetics of Homo Sexual*
／矛鋒著.
--初版. --臺北市：揚智文化, *1996*〔民*85*〕
面；　公分. --（文化手邊冊；*22*）
參考書目：面
ISBN 957-9272-63-8(平裝)

*1.*同性戀

544.75　　　　　　　　　　　　　　*85003981*